リスクマネジメント実践講座

JN123199

ARICEホールディングスグループ
株式会社A.I.P　　　　〔編著〕
監修：松本 一成

（ARICEホールディングスグループ
株式会社A.I.P　代表取締役）

目　次

はじめに

　保険業界が大きく変化する中で、保険代理店の在り方が顧客本位の業務運営とガバナンス体制の構築という2つの大きな大命題の下で問われていると思います。もちろん、従来より多くの保険代理店はお客様に寄り添い、お客様のために適切な保険提案を行っていたと思いますが、今後は更に高いレベルの顧客本位とガバナンスが求められるということであり、その実現のためには、リスクマネジメントの視点を代理店経営と保険提案の両面において落とし込んでいく必要があると思われます。

　まず、代理店経営においては、保険の購買プロセスの変化や競争環境の激化、少子高齢化による人口減少や自動運転、シェアリングやサブスクリプションの普及による自動車保険のマーケットの縮小が進む中で、今までの自動車保険と火災保険に依存する経営から脱却する必要があります。そして、これらの環境変化というリスクに向き合い、法人マーケットにおいて新種保険を提案していくか、個人マーケットにおいて投資商品や住宅ローン等を取り扱うことで接点強化を行う必要性に迫られており、高いレベルで顧客本位を実践するために、リスクマネジメントの視点から明確な経営戦略を立てる必要があります。

　そして、顧客本位の業務運営・保険提案を行うためにもリスクマネジメントの知識が必要不可欠となります。理由は、保険はリスクマネジメントの手段であり、商品知識があってもリスクや財務の知識がなければ、適切な保険が設計できませんし、全社的なリスクの視点から考えなければ全体最適を導くこともできないからです。つまり、保険を売るという目的ではなく、お客様を守り、存続・発展を支援するために顧客本位の提案を行うことが求められます。そして、その品質を継続的・永続的に維持するために、ガバナンス体制の構築やBCPの策定を含めてリスクマネジメントの視点を代理店経営に落とし込むと共に、それらのノウハウをお客様に提供していく必要があるということです。

　本書籍は、保険代理店として必要不可欠であるリスクマネジメントの知識を体系的にまとめ、保険代理店が企業や地域のリスクマネジャーとしての役立ちを提供し、顧客本位の業務運営を行うことを目的に書かせて頂いております。リスクマネジメントは非常に奥深いため、本書では保険代理店の業務に関連の深い業務的なリスクを中心に事例を取り上げていますが、実際には保険ではカバーできないリスクも多く、それらのリスクの方が企業経営に大きな影響を与えるケースがあることも理解をして頂きたいと思います。また、本書では法人への提案を前提として書いておりますが、個人においても同様の考え方が当てはまりますので、応用して活用頂ければ幸いです。

2023年6月
ARICE ホールディングスグループ
株式会社 A.I.P

代表取締役　松本　一成

本書籍では、「リスクマネジメント実践講座」と題して、リスクマネジメント体制構築のプロセスを ISO31000（リスクマネジメントの国際規格）の手順に基づいて説明していきます。ISO31000 の流れや考え方を習得することで、保険提案のレベルアップのみならず、リスクコンサルタントとしてリスク管理体制の構築やリスク管理規程の作成、リスクマネジメント教育事業等に必要な知識等も習得できるでしょう。一歩先を行く保険提案を行うために、ぜひとも最後までお読み頂ければ幸いです。

ISO31000 の章立て

	まえがき		
	序文		
1	適用範囲		
2	引用規格		
3	用語及び定義		
4	原則		
5	枠組み	5.1	一般
		5.2	リーダーシップ及びコミットメント
		5.3	統合
		5.4	設計
		5.5	実施
		5.6	評価
		5.7	改善
6	プロセス	6.1	一般
		6.2	コミュニケーション及び協議
		6.3	適用範囲，組織の状況及び基準
		6.4	リスクアセスメント
		6.5	リスク対応
		6.6	モニタリング及びレビュー
		6.7	記録作成及び報告
	参考文献		

① なぜリスクマネジメントが必要か？

　保険代理店の社会的使命や存在意義はどこにあるのでしょうか？　確かに保険会社からの委託を受けて保険販売をしているのは事実ですが、単に保険を売れば良いのかというと、そういう訳ではありません。保険代理店は卓越した知識とノウハウに基づいて、正しくお客様のリスクを把握し、保険という複雑な金融商品を分かりやすくお客様に説明し、適正提案を通して企業経営を支援すると共に、健全な保険事業を支えるために適切な保険引受をすることが求められているのです。つまり保険代理店には、保険の知識のみならず、お客様のリスクや財務力を把握する能力やリスクマネジメントの知識が求められるのです。そして大切なのは、お客様の真の満足は「保険購入」ではなく、「安心・安全な経営や生活の実現」にあるということであり、保険は「買って下さい、でも使わないで下さい」という矛盾を抱えた複雑な金融商品であるということです。特に損害保険の保険金は代理店や保険会社のみならずお客様や社会にとっても支払われないことが良いことなのです。保険代理店は単なる保険販売ではなく、保険を企業のリスク環境や財務状況に合わせて提案し、「企業を守る」と同時にその企業の持つ理念やビジョンの達成の支援をすることで広く社会に貢献することが求められます。

　ここでは、本書籍を通して「お客様を守り、発展を支援する」というスタンスで顧客本位を実現しようとする保険代理店に必要不可欠なリスクマネジメントの実践的な情報を提供するために、まずは法人マーケット開拓とリスクマネジメントの必要性を認識し、RMによる法人マーケットへの適正提案を行い、RMによる差別化と新たな付加価値の提供を通してお客様を守り、発展に導くための3つのステップについて解説をさせて頂きます。

【ステップ1】 法人マーケット開拓とRMの必要性

　保険代理業界は以下の4つの大きな環境変化に直面しており、代理店の規模・特性や地域性・歴史に基づいてマーケットを選定し、独自の強みを持つことで差別化を図ることが求められています。
　①　規制環境：更なるガバナンス強化と顧客本位の業務運営が強く求められるでしょう。
　②　業界環境：健全な代理店経営にはDXや法人開拓による生産性の向上が求められます。
　③　競争環境：ネットや来店型等の増加で特に個人マーケットは競争激化が想定されます。
　④　顧客環境：少子高齢化や車離れで個人マーケットの需要は衰退が想定されます。
　上記のような様々な環境変化に対応するためには、明確な戦略を描き、他代理店との差別化を図り、生産性を高めると共に、金融事業者としてのガバナンス態勢の構築が求められます。そして、これらの環境変化に際しての、保険代理店の一つの戦略として、収益率が高く、差別化が図りやすい法人・富裕層マーケットへの転換が考えられますが、転換には経営やリスクマネジメント視点から理論的で納得感のある保険設計が求められます。そのため、リスクマネジメントの実務知識を習得しておくことで、法人マーケットへの助言力や提案力の向上に繋がり、マーケット転換が図りやすくなります。

【ステップ2】 RMによる法人マーケットへの適正提案

　リスクマネジメントのノウハウを習得することで、リスク環境と財務状況に応じた適切な保険提案が可能となり、保険提案の品質を飛躍的に向上させることが可能です。
　①　リスク環境の把握
　　　最適な保険提案にはリスクアセスメントでお客様の抱えるリスクの全体像（保険でカバーできないリスクを含む）を把握し、それらのリスクの結果（損失の大きさ）と起こりやすさを分析し、影響度を把握することが重要です。保険提案の前提となるリスクの把握や分析には保険ではなく、リスクマネジメントの知識が要求されるのです。
　②　財務状況の把握
　　　保険は財務リスクの移転手法であり、法人は人や物ではなく、財務を守るために保険を掛けるため、大切なのは企業の財務力（リスク保有可能額）の把握であり、それが分からなければ効率的な

保険設計は不可能です。経営者は自社の財務力に基づいて、保険に入るか否かではなく、リスクを保有するか否かの意思決定を行う必要があります。

③優先順位の把握

　　リスク環境と財務状況が把握できると、それらの情報に基づいてリスク対策の優先順位を付けることが可能になります。基本的には、優先順位の高いリスクからリスク対策（保険を含む）を実施し、コスト削減の場合は優先順位の低いリスクに掛かっているコスト（保険料等）から削減します。

【ステップ3】RMによる差別化と新たな付加価値

　ISO31000 を基本としたリスクマネジメントの全体像やリスク管理体制の在り方を学ぶことによって、保険以外の視点からアプローチを行ったり、保険以外の付加価値で他代理店との差別化を図ったり、新たな収益源を確保することが可能になります。

①企業価値の向上

　　保険以外のリスク対策に関する知識を習得することで、企業価値向上と保険料削減を同時に実現できます。具体的には、リスクコントロールによって事故を減らすことや、リスクファイナンシングによって財務力を高めることで企業価値を上げると同時に保険への依存度を下げ、保険料削減を実現できます。

②リスクコンサルティング

　　企業の社会的責任（ＣＳＲ）やガバナンス体制の構築が必須となり、リスクマネジメントの必要性がますます高まる中で、以下のようなコンサルティングを行うリスクマネジメントの専門家がいないこともまた事実です。その役割をリスクに一番精通している保険代理店が担うことで、新たなサービス・収益源とすることも可能です。

　　・リスク管理規程（ＢＣＰ等を含む）の作成
　　・リスクマネジメント体制の構築支援
　　・リスクマネジャー業務の受託
　　・リスクマネジメント教育・研修

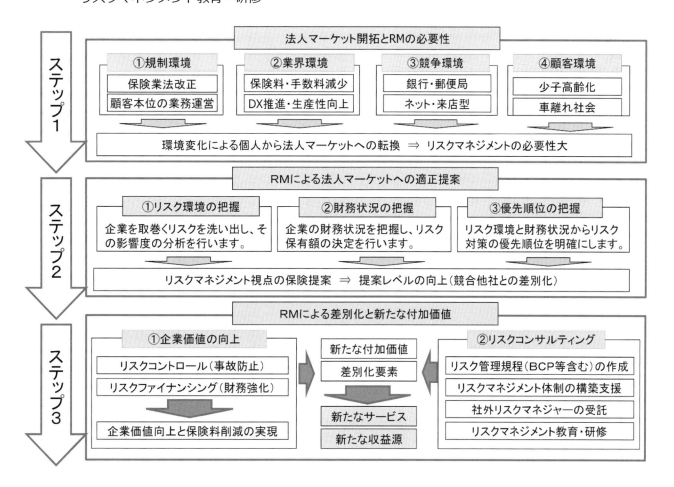

② ISO31000とは？

1）規格の目的

　ISO31000 は、2009 年 11 月 15 日に発行されたリスクマネジメントの国際規格であり、2018 年に改定され、シンプル化されています。本書では、原則として 2018 年版に基づいて解説をしますが、2009 年版の方が詳細に記述されている部分もあるため、内容を織り交ぜながら解説をしていきます。

　ISO31000 は、企業が社会的責任を果たすために、リスクを特定・分析し、適切な対応を行うための体系的かつ論理的なプロセスを詳細に記述したものであり、発行の目的は、①経営環境の変化が速く、激しい状況下において正しい意思決定をするために、リスクマネジメントの重要性が高まっていること、②業種や業務、リスクごとに個々に開発され、実践されてきたリスクマネジメントに関する用語や方法を統一化することでした。

　また、この規格は主に①リスクマネジメントを社内に導入したい組織、②リスクマネジメントを見直し・効率化を図りたい組織、③環境変化や事件・事故等の様々なリスクに対する対応力をつけたい組織のために作られています。そのため、リスクマネジメントに大きく関係する保険代理店は、この規格に精通し、その論理性に基づいて保険提案を行うことで全社的なリスクマネジメントと保険との関係を明確にし、保険の意思決定を全社的なプロセスに組込み、保険活用の適切性を確保することが重要です。

2）規格の目的と留意点

　以下、ISO31000（2018）の序文の内容について解説をさせて頂きます。

①対象：この規格は、リスクのマネジメントを行い、意思を決定し、目的の設定及び達成を行い、並びにパフォーマンスの改善のために、組織における価値を創造し、保護する人々が使用するためのものです。つまり企業の理念や価値観に基づいて、リスクを踏まえた様々な意思決定を行い、業務改善によって目標・ビジョンを達成し、企業価値を高める役割を担う経営者を中心とした方々に活用されるものであり、保険代理店はリスクマネジャーとしてその活動を支援することが求められています。

②背景：あらゆる業態及び規模の組織は、自らの目的達成の成否を不確かにする外部及び内部の要素並びに影響力に直面しています。経営環境は絶えず変化しており、その変化が目的達成を阻害するリスクとなります。変化には、地震や火災等の突発的な変化のみならず、競争環境や消費者ニーズの変化などの緩行的な変化もありますが、多くの企業は緩行的な変化に対応できずに衰退します。保険の対象となるのは、基本的に突発的な変化ですが、今後の保険代理店は緩行的なリスクについても警鐘を鳴らし、経営者の相談相手になることが求められます。

③役割：リスクマネジメントは反復して行うものであり、目的や目標の達成及び十分な情報に基づいた決定を行う際に組織を支援します。また、組織統治及びリーダーシップの一部であり、あらゆるレベルで組織のマネジメントを行う基礎となり、マネジメントシステムの改善に寄与します。つまり、リスクマネジメントには 100%がないため、継続的に PDCA を回すことによって、目的達成に繋がる様々な意思決定を支援しますが、トップダウンでなければ機能しないため、様々な部門やプロジェクトで活用され、マネジメント力の向上に寄与します。そのため、リスクマネジャーとして保険代理店が役割を果たしていくためには、様々な意思決定にリスクの視点から関わり、リーダーシップを発揮することが求められます。

④範囲：リスクマネジメントは、組織に関連する全ての活動の一部であり、ステークホルダーとのやり取りを含み、人間の行動及び文化的要素を含めた組織の外部及び内部の状況を考慮する必要があります。つまり、将来の不確実性であるリスクは、組織のあらゆる部署に存在すると共に、ステークホルダーとの関係といった組織の外部や組織の人員の価値観や能力、社風といった組織の内部の状況を考慮して進めていく必要があり、業種や規模によって画一的ではなく、その会社の状況に基づいたリスク対策を検討する必要があるということです。

3）規格の全体像

ISO31000 の全体像は図のように、大きく「原則」と「枠組み」「プロセス」の 3 つに分かれています。【2.1　序文】

・「原則」
　原則とは、全社的にリスク管理を行うために必要となる基本的な考え方を示しており、これらの原則を社内全体で共有することが効果的・効率的なリスクマネジメントに繋がります。ポイントは原則の中心にあるのが、「リスクマネジメントの意義は価値の創出と保護」であることです。リスクマネジメントは「損失の最小化」や「リスクの低減」が目的と考えられていることが多いですが、リスクマネジメントは企業価値を高めるために能動的に行う活動なのです。保険代理店も保険料といっ」ストを負担させる以上は、保険料に見合った企業価値の向上を実現するという意識を持つべきでしょう。

・「枠組み」
　枠組みとは、「プロセス」を支援するために、経営者等のリーダーシップやコミットメントを通して構築する全社的なリスクマネジメント体制を指します。具体的には組織の規模・特性に応じた体制構築を行うために、必要な資源（予算や人材）を投下し、責任者を明確にすると共に、リスクマネジメントの考え方を全社的な戦略及び経営計画、業務、報告プロセス、文化等の中に統合することを目的としたシステムを構築することであり、保険の必要性の有無や商品選択の意思決定のプロセスについても枠組みの中でルールが作られるべきでしょう。

・「プロセス」
　プロセスは、リスクマネジメントを現場で実践する手順を示しています。重要なのは、ステークホルダーや社内メンバーとの「コミュニケーション及び協議」によるリスク情報の収集及び社内での共有を通してプロセスを進めることです。また、「リスクアセスメント」を実施する前に「適用範囲」を定め、「状況」を把握し、自社の現在及び未来の社内外の経営環境を確定させると共に、リスクの定義付けやリスクを分析する「基準」を明確化し、リスクアセスメントの進め方を統一しておくことが必要です。その上で、リスクアセスメントの結果に基づいて、優先順位の高いリスクから「リスク対応」を行い、リスクを修正しますが、必ず「モニタリング及びレビュー」で一連のプロセスの実施状況と有効性を評価し、継続的に改善を行うことが大切です。リスクマネジメントに完璧はなく、組織状況によってリスクは絶えず変化するため、必要に応じて修正・改善を行うことが必要です。保険も同様に、絶えず変化するリスク環境や財務状況に応じて契約内容や全体バランスを修正していくことが重要となります。
　そして、一連のプロセスの実施状況や有効性について記録を作成し、然るべきに部署に、然るべきタイミングで報告することが求められます。

ＩＳＯ31000の全体像

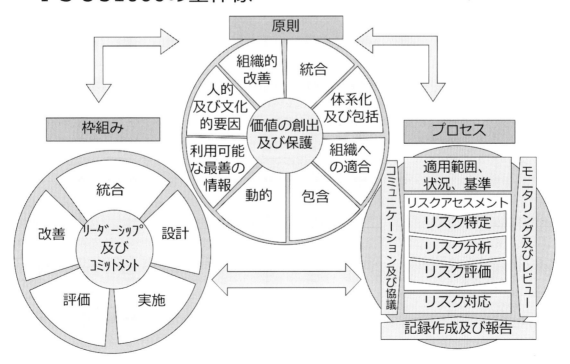

③ 用語及び定義

　ここでは、ISO31000 の「用語及び定義【3】」に記載されているリスクマネジメントの用語の定義について解説をさせて頂きます。一般的な対話の中では使われていない用語も多く、正しく理解をしておく必要があるものを中心に解説をさせて頂きます。

・リスク：目的に対する不確かさの影響

　リスクが「目的」との関係性の中で定義づけされ、「影響」という表現でリスクがマイナスのみならずプラスへの乖離も含むより広い概念となっています。元々リスクには「岩山の間を船で行く」「勇気を持って試みる」等の語源があり、リスクを認識しながらも、目的地に到達するために、あえて能動的にリスクをマネジメントするという意味合いが含まれていました。つまり、リスクマネジメントは目的達成のための取組みであり、保険もその目的達成に貢献するものでなければならないため、保険代理店は組織の「目的」を理解することが極めて重要です。

　また、プラス・マイナス両面を含むリスクとは、具体的には為替や金利、競争環境や技術環境の変化といった経営環境の変化や設備投資や経営計画等の戦略的な意思決定が挙げられます。経営環境の変化をチャンスに変えるか、ピンチにするかはその会社の経営姿勢や意思決定に依存します。保険代理店には、将来の不確実性がもたらす財務リスクを保険で移転することで、能動的な投資を可能にし、リスクに対する意思決定を後押しすることが求められています。

　また、リスクとは、リスク源や事象、それらの結果等の多くの構成要素を含むものであり、目的についても企業単位だけではなく、プロジェクトや部門などの様々なレベルで活用されます。

・リスクマネジメント：リスクについて、組織を指揮統制するための調整された活動

　企業は理念やビジョン達成のために、様々な環境変化やリスクの視点を踏まえて経営戦略を立て、具体的な計画やルールに落とし込みますが、それらを実践するのは現場の社員であり、全社員が会社の目的やビジョン達成のための意思決定を行い、会社が決定した方針やルールに基づいた行動・言動を行うことが重要であり、そこにギャップがあると、それがリスクとなります。人によってリスクに対する認知や感性にギャップがあるため、リスクマネジメントは個人任せにするのではなく、会社として目的や戦略に沿って、計画的に行うことが重要であり、保険代理店はその支援をすることが求められます。

　また、リスクマネジメントは経営全般に対する概念であり、目標設定や必要な資源の配分なども含めて、組織の内外の事情に合わせて、柔軟な対応が必要となります。また、あるリスク対応が他のリスクを増加させたり、部署ごとのリスク対応策が矛盾する場合もあるため、様々な調整が必要であり、経営のリーダーシップがなければ運用が困難となります。

・ステークホルダー：ある決定事項もしくは活動に影響を与え得るか、その影響を受け得るか又はその影響を受けると認識している、個人又は組織

　ステークホルダーをどのように捉えるかは、その組織のマネジメントの在り方に大きな影響を与えますし、ステークホルダーの設定を誤ると、組織経営の重要なリスクを見落とすことにもなる可能性があります。そのため、リスクを多様な視点で捉えるためにも、ステークホルダーを広く捉えることが重要です。なお、ステークホルダーの代わりに「利害関係者」や「ステークホルダー」を使用することも可能であり、本書籍においては一般的な呼称である「ステークホルダー」を使わせて頂きます。

・リスク源：それ自体又はほかとの組み合わせによって、リスクを生じさせる力を潜在的にもっている要素

　リスク源は、リスクを生み出す原因となるものであり、リスクは未来に存在しますが、リスク源はほぼ現在に存在するものです。（「ほぼ」というのは、絶えずではなく、常態化している状況を指します。）ハザードという言葉を使うこともありますが、ISO31000 では、好ましい影響を含ん

だ言葉としてリスク源が使われています。具体的には、今あるシステム、物質、自然現象や組織文化、組織員、ステークホルダーなど様々なものがその対象となります。

　また、リスク源には、起こりやすさに影響を与えるリスク源と、結果の大きさ（損失の大きさ）に影響を与えるリスク源、その両方に影響を与えるリスク源があり、リスク分析を行うためにも、具体的なリスク対策を行う上でも非常に重要です。また、保険代理店が経営者にリスクマネジメントの重要性を伝える際にも、致命的な損失や被害と共に、現場に無数に存在するリスク源に目を向けさせる必要があります。具体的な事例については、第21章のリスクの構成要素を参照下さい。

・事象：ある一連の周辺状況の出現又は変化

　事象とは、一般的に私たちがリスクと言っている事件・事故・事態のことであり、何かが起こり、状況が変化することだけではなく、起きると予想されたことが起きないことや予想していなかったが起きることも含まれます。

　また、事象は、何度も発生することもあり、複数の原因や結果をもたらし、事象自体がリスク源となることもあります。

　具体的には、事件としては社内不正やインサイダー取引、事故としては、自動車事故や火災や労働災害、事態としては地震の発生や競争環境の激化、法律の改正などが考えられますが、それらに限らず、幅広く捉える必要があります。そのため、保険代理店はどのような事象がどのような原因で発生し、どのような損失をもたらすのかを経営者と共有し、その対策の一つの手段として保険提案を行うことが求められます。

・管理策：リスクを維持又は修正する対策

　管理策は、一般的にリスク対策のことを指します。規格ではリスクを維持又は修正するプロセス、方針、方策、実務又はその他の条件もしくは活動とされていますが、これらに限定されません。

　また管理策が、常に意図又は想定した修正効果を発揮するとは限らず、好ましくない影響の削減だけに限定されるものでもありません。

　ここでは、いくつかの基本的な用語をピックアップして解説し、本書籍の別のページでも必要に応じて用語の解説を加えておりますが、リスクマネジメントの実施においては、それ以外にも様々な専門用語が使われることがあります。本書籍に記載がない用語についても、正しい理解がなければ誤って解釈をしてしまう可能性があるため、注意が必要です。

ISO31000における用語の定義

ISO31000では、リスクマネジメントを推進するにあたり知っておくべき最低限の用語として、以下の用語について定義付けがなされています。

リスク	目的に対する不確かさの影響
リスクマネジメント	リスクについて、組織を指揮統制するための調整された活動
ステークホルダ	ある決定若しくは活動に影響を与え得るか、その影響を受け得るか又はその影響を受けると認識している、個人又は組織
リスク源	それ自体又はほかとの組み合わせによって、リスクを生じさせる力を潜在的に持っている要素
事象	ある一連の周辺状況の出現又は変化
結果	目的に影響を与える事象の結末
起こりやすさ	何かが起こる可能性
管理策	リスクを維持・修正する対策

④ リスクマネジメントの効果

地球温暖化の影響を受けて、自然災害が多発し、グローバル化によって地政学的リスクが増加し、様々な企業の不祥事を受けてガバナンス態勢の構築の必要性が高まる中で、多くの企業ではリスクマネジメントの必要性を強く認識しているのは間違いないと思います。しかしながら、必要性は感じながらも具体的にリスクマネジメントに取組むために組織構築を行い、予算を組んで計画的に実践している企業はごく少数ではないかと思います。将来的に起こるか起こらないか分からないリスクに対してコストを負担するということは企業にとっては中々できない意思決定であるのも事実であり、それは成功確率の低いプロジェクトに投資ができないのと同じことだと考えられます。

しかしながら、適切なリスクへの対応は企業の社会的責任でもあり、リスク管理を怠ったことによって被る損害は時に甚大となり、場合によっては1度の事故で企業が倒産するということも考えられます。これからの企業は、起こるか起こらないか分からないリスクに対する備えとしてのみならず、継続的な企業価値の向上及び目的達成の取組みの一環としてリスクマネジメントに能動的に取組む必要があるでしょう。

上記のような現実を受けて、この章では ISO31000 の規格に基づいて、リスクマネジメントを実践することによってどのような効果があるのかについてお話をしたいと思います。図には ISO31000（2009）の「序文」に書かれているリスクマネジメントの実践がもたらす 17 項目の効果について書かれておりますが、その中から一部の効果を抜き出して補足を加えると共に、保険代理店としてどう捉えるべきかについて説明をしていきたいと思います。

1）目的達成の起こりやすさを増加させる

企業の目的（理念・ビジョン等）の達成を阻害するのがリスクであり、リスクマネジメントは目的達成の起こりやすさを増加させます。企業はこの目的達成のためにさまざまなコストを負担するのであり、保険についても同じです。目的達成のための保険契約であることを念頭に私達は提案を行う必要があります。物ではなく財務に、損失補てんではなく目的達成のために保険を掛けるという発想になることで、提案の内容は大きく変わってくると思います。

2）事前管理を促す

リスク（危険）はまだ起きていない事件・事故を指し、起きてしまうとクライシス（危機）という言葉に変わります。もちろん、事故を起こしてからの対応準備も必要ですが、本質的には起こさないことが一番です。なぜならば、事故が起きてからの対応は事前に行うリスク対策に比較してコストが高くつくからです。保険代理店にとっても、保険とは「買って下さい。でも、使わないで下さい」という矛盾を抱えた商品であり、保険料をいくら払っていたとしても、使わない方が良いのです。なぜなら、仮に保険金が支払われたとしても、事故を起こした時点で企業は価値を下げることになりますし、事故が保険料を上げることに繋がる可能性があるからです。

リスクマネジメントは、起きる前にいかに対応すべきかという事前管理を促すことで、結果的に企業の安定経営を支えることになります。

8）ステークホルダーの信頼及び信用を改善する

リスクマネジメントは結果として企業を守ることに繋がりますが、本質的には企業の存続を支えているのはステークホルダー（利害関係者）です。企業は社会との良好な関係性の中で存続が可能になりますが、それは狭義で考えるとステークホルダーの期待に応えることになります。例えば工場火災が発生した時に本当に困るのは誰なのか？　工場火災で困るのは働き場所が無くなる従業員やお金が返ってこない銀行、投資が無駄になる株主、必要な製品やサービスを受けられない消費者・取引先等のステークホルダーです。企業におけるリスクの顕在化は企業自体が損害を受けるのみならず、最終的にはステークホルダーにマイナス影響を与えるのです。リスクマネジメントの実践は、結果的に企業を守ることに繋がりますが、それはリスクマネジメントがステークホルダーの期待に応え続けることを確実にし、信頼及び信用を改善するからです。

11）リスク対応のために資源を効果的に割り当てて使用する

　リスクマネジメントを実践するにあたり、資源を効果的に割り当てるためには、明確な目標を掲げて、その目標を阻害するリスクに対していくらのコストを掛けるかを計画、実践する必要があります。保険も同じであり、保険料が効果的にリスクに対して割り当てられているかをしっかりと認識する必要があります。具体的には優先順位の高い順番に保険が付保されているか、企業の財務状況に見合った保険設計になっているかをしっかりと把握し、適正化を図ることが重要です。

12）業務の有効性及び効率を改善する

　リスクを伴った業務というのは有効性及び効率を悪くする傾向があります。リスクがあることによって、業務が慎重になったり、リスクを減らすために点検等の工程が増えることに繋がりますし、リスクがあると作業のスピードにも影響が出るからです。また、リスクが無ければ、対策コストを負担する必要も保険を掛ける必要もありませんので、財務的な効率性を上げることにも繋がります。保険料もリスク量が多いほど一般的に高くなることを考えると、リスクが大きいということは競業他社と比較をしてもコスト高になるため、競争力を減退させることに繋がります。リスク量を減らすことや財務力を強化することが保険への依存度を低下させ、より効率的な保険設計を可能にし、競争力を高めることに繋がります。

15）損失を最小化する

　一般的にリスクマネジメントは損失を最小化するために行っていると思われがちですが、実はそれは一つの効果でしかないことを理解する必要があります。

　そして大切なのは、「費用（コスト）」と「損失（ロス）」の違いを理解することです。事業活動及び目的達成に必要な金銭の消費を「費用（コスト）」と言い、本来必要ではない金銭の消費を「損失（ロス）」と言います。保険は、計画に基づかない、不必要で不確実性の高い「損失（ロス）」を計画的で確実性の高い「費用（コスト）」に変えることで企業の安定経営に貢献しているのです。不確実な「損失（ロス）」をもたらすリスクに対応するために「保険料」という「費用（コスト）」を支払うのです。

　ここでは、いくつかの項目をピックアップして解説させて頂きましたが、ここで取り上げなかったリスクマネジメントの効果についても経営を行っていく上では非常に重要なものばかりです。ぜひ、一つひとつの効果を理解し、私たちの保険提案がそれらの効果を生み出しているのか否かについてしっかりと認識を改めていくことが大切です。

リスクマネジメントの効果

1) 目的達成の起こりやすさを増加させる
2) 事前管理を促す
3) 組織全体でリスクを特定し、対応する必要性を認識する
4) 機会及び脅威の特定を改善する
5) 関連する法律及び規制の要求事項並びに国際的な規範を順守する
6) 義務的及び自主的報告を改善する
7) 統治を改善する
8) ステークホルダの信頼及び信用を改善する
9) 意思決定及び計画のための信頼できる基盤を確定する
10) 管理策を改善する
11) リスク対応のために資源を効果的に割り当てて使用する
12) 業務の有効性及び効率を改善する
13) 環境保護とともに健康及び安全のパフォーマンスを高める
14) 損失の予防及びインシデントマネジメントを改善する
15) 損失を最小化する
16) 組織的学習を改善する
17) 組織の適応力を改善する。

⑤ リスクマネジメントの原則

　ISO31000 では「原則【4】」に、大前提となるリスクマネジメントの意義である「リスクマネジメントは価値の創出及び保護である」という基本的な考え方を中心に、組織がリスクマネジメントを実践する上で、全ての階層のメンバーが理解しておくべき原則が 8 項目挙げられています（図参照）。原則とは、「principle」を訳したものであり、「原理」や「理念」といった意味合いがありますが、ここでは基本的な考え方及びあるべき姿として提示されています。この「原則」はリスクマネジメントを推進していく上では欠かすことのできない軸となるものであり、この章ではこの「原則」の項目について補足の説明を加えると共に、「原則」に基づいた保険代理店としての在り方や姿勢について解説したいと思います。

前提：リスクマネジメントの意義は、価値の創出及び保護である

　リスクマネジメントは単にリスクから組織の経営資源やステークホルダーを保護することのみならず、組織の様々な目的の達成やパフォーマンスの改善に寄与しています。好ましい影響の拡大も好ましくない影響の減少も、共に組織の価値を生み出しており、この両者を相反するものではなく、価値創造の最大化と捉えることが非常に重要です。

　保険についてもコストとして負担している以上は、その組織の目的やビジョン達成に寄与し、企業の価値を上げるものでなければなりません。保険の価値については、主に個人や法人の「資産の減少」や「費用の損失」「将来の収入減少」等の財務リスクをカバーする「基本的価値」と「安心を提供し精神的な負担を軽減する価値」や、「不確実性を排除することで前向きな投資促す価値」「リスクマネジメント機能の発展を促進する価値」等の「副次的価値」があります。保険代理店は保険の持つこれらの価値を企業経営に生かすことで企業の価値向上に寄与しなければなりません。

（参考文献：実践！クレド事例ノート／ＰＨＰ研究所）

a）統合

　リスクマネジメントは、組織の全ての活動に統合されていることが重要です。全ての業務活動は常にリスクに晒されており、全ての活動においてリスクを踏まえた取組みが必要であることを認識することが重要です。

b）体系化及び包括

　多くの企業のリスク対策は場当たり的に行われ、非効率で成果に結びつかないケースが多いと考えられます。保険の活用に関しても同様ですが、ルールに基づいて、計画的に取組みを行うことで、一貫性のある比較可能な結果を導くことが可能になります。

c）組織への適合

　リスクマネジメントは画一的な取組みではなく、導入する組織の目的に関連する外部及び内部の状況に応じて柔軟に適用され、均衡が取れている必要があります。保険の設計においても、業種や規模等が同等でも、会社の理念やビジョン、働く人の能力や財務的な状況が異なれば、保険の設計内容も異なりますので、注意が必要です。

d）包含

　企業は多くのステークホルダーとの関係性の中で存在意義を有しています。企業の存在意義は経営環境が様々に変化する中で、社会やステークホルダーに委ねられています。そのため、ステークホルダーの知識や見解及び意識を考慮することが重要であり、それが適切なリスクマネジメントに繋がります。保険の必要性や設計についてもステークホルダーの認識や期待値によって大きく異なるため、注意が必要です。

e）動的

　リスクマネジメントは継続的に変化を察知し対応することが求められます。経営環境は絶えず変化しており、それによって新たなリスクが発生したり、既存のリスクが変化するため、それら

に対応しなければ適切なリスク対応が維持されないからです。

　リスクマネジメントの難しさはリスクが絶えず変化していることです。今日と明日、業務をする人や場所、時間やプロセスが変わるだけでリスク量は変化するのです。

　保険は細かいリスクの変動に対応することはできませんが、だからこそ最悪を想定してリスクを移転しておく必要があります。そして、リスクの大きな変動が予測される場合には、その兆候や情報を見逃さず、適切に対応することで、最適な保険設計を維持することが求められます。

f）利用可能な最善の情報

　情報には、過去及び現在の情報や将来の予想に基づくものがあり、リスクマネジメントはこれらの情報及び予想に付随する制約及び不確かさを考慮に入れる必要があります。リスク分析では、その分野の専門家であっても、見解が異なる場合があるため、その見解の差異をリスクの不確かさとして考慮する必要がありますし、分析データや手法の特徴、限界を認識することが重要です。保険設計においてもどのような情報や根拠に基づいているかによってその信頼性や納得感が異なるため、利用可能な最善の情報を意識して設計することが重要です。

g）人的要因及び文化的要因

　リスクマネジメントは画一的なものではなく、組織の規模・特性、責任者の資質によって柔軟に導入される必要があります。具体的にはその組織の風土や成熟度、リスクマネジャーの能力やリスクに対する認識度合い、社内のコミュニケーション状況によってもリスクマネジメントの進め方や有効性が異なります。保険代理店もリスクマネジメントの支援にあたり、その会社の組織風土をよく理解した上で行っていくことが重要ですし、保険提案にあたってもまずは経営者の価値観とその会社の組織風土を踏まえ、リスク環境や財務力に対する認知を合わせた上で、提案することが求められます。

h）継続的改善

　リスクは組織の内部及び外部の状況に応じて変化するため、その都度リスクの基準や評価、対応等を見直す必要があります。リスクマネジメントに100%はありませんし、理想的な状況を短期間で構築することは困難ですので、継続的に改善を繰り返すことによって最善の状況を維持し、理想に近づけていくことが求められます。

　保険においても同様であり、保険代理店は組織の置かれた状況によって変化するリスクに敏感になると共に、リスクの変化や増減に応じて補償内容の変更を提案し、継続的な改善を行う必要があります。

4．原則

意義	
「リスクマネジメントの意義は、価値の創出及び保護である」	
a)統合	目的・ビジョン・戦略に基づき、組織のマネジメントと連携している
b)体系化及び包括	全社的なルールに基づき、計画的に実施されるものである。
c)組織への適合	組織の内部及び外部の環境に基づいて適切に運用されている。
d)包含	ステークホルダーや社会の価値観や状況に基づく必要がある。
e)動的	環境やリスクは絶えず変化しており、柔軟に対応する必要がある。
f)利用可能な最善の情報	過去及び現在の情報の正確性や見解の相違も含めて最善の情報と予測に基づいて実施する
g)人的要因及び文化的要因	リスクマネジメントは画一的ではなく、組織の規模・役割・責任者の資質によっても大きく異なる。
h)継続的改善	改善を継続することによって理想的な状況に徐々に近づく。

⑥「リーダーシップ及びコミットメント」と「統合」

1．枠組み【5】

　枠組みには、リスクマネジメントを実施する際の、組織環境を整備するための要素について記載されています。リスクマネジメントは一部の部門や一人のリスクマネジャーが単独で実施するものではなく、組織を構成する全員で取り組むべき課題です。そのため、リスクマネジメントの成功は組織全体にその考え方や基礎的な知識、ルールを定着させるためのマネジメントの枠組みの有効性が非常に大切です。この枠組みの構築によって、リスクに関する様々な情報が、組織の関連する階層や部門のすべてにおいて適切に報告され、意思決定等の基礎として活用された結果、組織の様々な役割や階層、変化する環境の中においても効果的なリスクの運用管理が可能となります。

　また、枠組みは組織がリスクマネジメントを組織の全社的なマネジメントシステムに統合することを手助けするものです。リスクマネジメントは独立して構築される特別なものではなく、組織の日常のマネジメントや組織の全社的な戦略や運用上の方針、実務の中に組み込むべきものであり、組織全体で対応すべきものだからです。既に社内における実務及びプロセスにリスクマネジメントの要素が含まれている場合や、特定のリスク等に対してリスクマネジメントに取り組んでいる場合は、この規格に照らして要点を押えたレビュー及びアセスメントを行うと共に、ＰＤＣＡサイクルをしっかりと回すことで、その妥当性及び有効性を確認することが望ましいでしょう。

　保険については、現場のリスクマネジメント業務や財務の戦略と切り離されて、個別に議論されることが多いようですが、本来の保険の有効活用の前提は、現場のリスクコントロール状況や財務状況に基づいた保険設計です。保険の担当部門のみならず、保険対象となるリスクに関連する部門や財務及び経営に関連する部門と保険に関する情報を共有し、違った視点から妥当性や有効性を検証することで、更に効果的・効率的な保険設計を実現することも可能と考えられます。

2．リーダーシップ及びコミットメント【5.2】

　リーダーはリスクマネジメントが組織の全ての活動に統合されることを確実にすることが望ましく、そのために以下の役割や機能を果たすことが求められます。

1）リーダーの役割

　リーダーには、リスクマネジメントの運営や、そのための組織環境を整備する責任があるため、限られたリソースの中で、有効に活動できるように、組織の目的や戦略・文化等に沿ってリスクマネジメントを実施する必要があります。また、全社の取組みであることから、リスクマネジメントの取組み方法、計画又は活動方針を確定し、公表すると共に、それらを実践するために必要な資源を適切に配分しながら、リスクマネジメントの実施にあたる組織員に対して、適切に権限、責任及びアカウンタビリティを付与することが求められます。

2）リーダーシップ及びコミットメントの機能

　リーダーシップ及びコミットメントを行うことによって、リスクマネジメントを組織の目的、戦略及び文化と整合させ、組織の全ての義務、及び組織の任意のコミットメントを認識して、これらに取り組むことが可能になります。また、組織が取ることができる、又は取ることができないリスクの大きさ及び種類を確定し、それらのリスクやリスクマネジメントの価値を組織及びステークホルダーに伝達することが可能になり、リスクの体系的モニタリングを推進することにも繋がります。更に、リスクマネジメントの枠組みを、変化する組織の状況に対して、常に適切に維持することが可能になります。

3）監督機関の役割

　監督機関の役割は、組織の目的を決定する際にリスクが十分に検討されることを確実にすることであり、そのために組織が目的の追求に当たって直面するリスクを理解することが重要です。そして、これらのリスクのマネジメントを行うためのシステムが構築され、有効に運営されることや、組織の目的に照らして、それらのリスク対応が適切であること、それらのリスク及びマネジメントに関する情報が適切に伝達されることを確実にすることが求められています。

３．統合【5.3】

　リスクへの対応は、組織のあらゆる人員によって、あらゆる業務プロセスで実行されるため、他の業務活動と分離して実施するのではなく、統合される必要があります。また、組織によって抱えるリスクもそのリスクから受ける影響も違いますし、リスクへの対応についても組織の資金力やマンパワーによって異なるため、リスクマネジメントはその組織にあった効果的かつ効率的な対策が、通常の組織の実務及びプロセスに組み込まれ、実践されていることが重要です。保険活用についても財務状況に応じた効果的・効率的な対策が、組織の実務及びプロセスの中で検討されるべきでしょう。

　保険は通常の事業活動や現場でのリスクコントロール活動と切り離されて議論されることが多いですが、保険の最適活用には現場との情報共有が必要不可欠です。なぜなら、現場のリスクコントロール状況や事故の発生状況、及び現場に潜むリスク源から連想される事故の起こりやすさや損失額の想定から最適な保険設計が生まれてくるからです。保険は財務リスクの移転手法ではありますが、現場の実態に合わせてその必要性が議論されるべきであり、事業活動と財務の一体性を確実にするためにも保険の専門家である代理店の存在が必要不可欠です。

　そして、リスクマネジメントが組織の実務やプロセスの全てに組み込まれるためには、組織全体を網羅するリスクマネジメント計画があることが必要であり、保険の活用についてもその中で議論され、必要な予算として組み込まれることが重要です。経営計画を狂わせるのは変動要因であるリスクであり、それらの影響を適切な保険設計によってカバーすることで経営計画の達成確率を上げていくことが可能になります。また、リスクを伴う様々な戦略や投資活動には必ずコストとして保険料が織り込まれているべきであり、企業活動の計画段階から保険代理店が深く関わることが求められています。

5　枠組み
5.1　一般
リスクマネジメントの枠組みの意義は、リスクマネジメントを組織の重要な活動及び機能に統合するときに組織を支援することである。
5.2　リーダシップ及びコミットメント
・トップマネジメント及び監督機関は、リスクマネジメントが組織の全ての活動に統合されることを確実にするために、リーダーシップ及びコミットメントを示すことが望ましい。 ・リーダーシップ及びコミットメントは組織内の様々な事項を促進します。 ・トップマネジメントはリスクのマネジメントを行うことに責任を負い、監督機関はリスクマネジメントを監視する責任を負うため、監督機関は様々な事項を行うことを期待され、又は必要とされる
5.3　統合
リスクマネジメントは、組織の意図、組織統治、リーダーシップ及びコミットメント、戦略、目的並びに業務活動の一部となり、これらと分離していないことが望ましい。

⑦ 設計① 組織及び組織の状況の理解 【5.4.1】

　ここでは「設計【5.4】」の「組織及び組織の状況の理解【5.4.1】」について解説をさせて頂きます。前章でご説明した通り、全社的なリスクマネジメント体制を構築し、運用していくためには、全社的にリスクマネジメントに取り組むための枠組みが必要不可欠ですが、コミットメントを全社的に達成していくためには、この枠組みを組織の規模・特性に応じて適切に設計し、戦略的で綿密な計画を策定しなければなりません。ここでは、それらを実施するうえで非常に重要な組織及び組織状況の理解について、保険代理店の経営リスクを事例に入れながら説明していきたいと思います。

　企業存続の前提条件は、変化する経営環境の中で、いかに会社としての存在意義を維持し続けるかであり、そのために以下に例示するような組織の外部状況と内部状況を絶えず把握し、様々な環境変化に柔軟に対応できなければなりません。組織ごとに置かれた状況は様々ですが、その状況によって枠組みの設計が大きく変わります。

１．組織の外部状況の理解

　外部状況の変化は自社でコントロールできないことが多く、変化に自社を合わせていくという時間が掛かる改革を求められるため、早期把握、早期対応が求められます。

- **・国際、国内、地方又は近隣地域を問わず、社会、文化、政治、法律、規制、金融、技術、経済及び環境に関する要因**
  - ⇒組織は現在の外部状況に対応できているのか？　将来どのような外部状況が想定されるのか？　その変化に会社は対応できるのか？を理解することが大切です。その認知と想定によって枠組みの設計は大きく左右されます。保険代理店も今後の競争環境（ネットや来店型、巨大資本の参入等）やマーケットの変化（少子高齢化等）をしっかり受け止め、環境変化に対応することで存在意義を維持しなければなりません。

- **・組織の目的に影響を与える、鍵となる原動力及び傾向**
  - ⇒組織の存在意義は外部状況によって変化するため、その見極めによってサービス品質や内容を再検討する必要があります。ＩＴ社会の進展や少子高齢化、地球環境問題等はマーケットの喪失や縮小に繋がる場合もあれば、マーケットの創造と拡大をもたらす場合もあります。保険代理店も、大きな社会の変化や流れに目を向けると、規制強化によるガバナンス態勢の構築によってコスト増が不可避であると共に、来店型店舗やネット・通販の増大によって競争環境もますます激しくなることが想定されるため、マーケットの転換や新たな差別化要素の構築によって競争力を養うことが必要になると思われます。

- **・外部ステークホルダーとの関係、並びに外部ステークホルダーの認知、価値観、必要性及び期待**
  - ⇒会社はステークホルダーの期待に応え続けることで存在意義を維持し、存続することができるため、ステークホルダーとの良好な関係性を維持し、会社に対する期待値や本質的に求めていることを理解し、対応していくことが必要不可欠となります。保険代理店の主要な外部ステークホルダーは消費者と保険会社となりますが、自社への期待値や本質的な要望をしっかりと受け止め、それに応えていくことが必要です。

- **・その他（契約上の関係及びコミットメント、ネットワークの複雑さ、及び依存関係）**
  - ⇒組織は様々な契約関係の中で運営されていますが、契約やコミットメントが履行できなければ債務不履行となりステークホルダーに対する責任を果たすことができません。また、近年のグローバル化を伴ったサプライチェーン構造によって、自社だけのリスク管理では不十分であるため、その複雑さや取引先への依存度を把握しておくことも求められています。

２．組織の内部状況の理解

　組織は絶えず外部状況を把握すると共に、内部状況が時代背景や現在及び未来の社会の要望に応えられる状態かをチェックし、必要に応じてイノベーション（改革）を起こさなければなりません。

- **・ビジョン、使命及び価値観**
  - ⇒会社として認識するビジョン、使命及び価値観と現場の従業員との認識にギャップがあると、最も根本的なリスク要因となるため、全社一丸となるためにベクトルを合わせる事が重要です。

- **・企業統治、組織体制、役割及びアカウンタビリティ**
  - ⇒企業が求められるガバナンス体制とそれを実現する組織ができているか？　経営陣は経営責任を自覚し役割を担うことで法的な要求事項に応えられているか？を把握し、必要に応じて改善を行うことが重要です。保険代理店も金融事業者として、今後は更に組織的な態勢整備が求められ、社会的な責任が増大すると考えられます。それらの要求に対して必要なガバナンス（統治）態勢を構築し、社会からの要求に応えることで役割・使命を果たしていけるのかを認識する必要があります。

- **戦略、目的及び方針**

  ⇒組織の方針や目的、戦略は現在もしくは将来の外部状況と適合したものである必要があります。外部状況の変化は会社の方針や目的、戦略に影響を与えるのです。保険代理店の戦略も今後の競争環境やマーケットデザインの変化によって大きな改革を求められるかもしれません。その変革は新しい環境下における自社代理店の戦略、目的及び方針をどこに設定するかによって大きく変わるでしょう。

- **資源及び知識として理解される能力（例えば、資本、時間、人員、知的財産、プロセス、システム、技術）**

  ⇒自社の持つ経営資源や能力を理解することができなければ、何を守れば良いのかも分かりませんし、環境変化の中で独自の使命や社会的役割を創造することはできません。また、それらの能力が現在及び将来の社会からの期待に応え得るレベルにあるのかを把握することも大切です。保険代理店も自社の経営資源や能力を把握し、磨きをかけると共に、新しい環境下でそれらをいかに活用していくのかを考える必要があるでしょう。

- **データ、情報システム及び情報の流れ**

  ⇒社内における情報の収集・共有・管理のシステムが社会やステークホルダーの期待値を含んだ適切なものか？　また、それらの情報に基づいた企業の意思決定のプロセスが、求められるガバナンス体制を満たすものかを確認する必要があります。保険代理店も情報管理の徹底は当然ですが、今後はいかに必要な情報を社内で共有して意思決定やお客様サービスに繋げていくかが重要であり、求められる水準を維持するために、態勢整備と共に、全社的な教育・訓練を行うことが求められるでしょう。

- **内部ステークホルダーの認知及び価値観を考慮に入れた、内部ステークホルダーとの関係**

  ⇒ここでは、内部ステークホルダーを株主、経営者、従業員として考えていきますが、この関係性によってガバナンスの在り方や方向性が大きく変わってきますし、認識や価値観よってガバナンスの有効性が大きく変化します。そのため、内部ステークホルダーとの関係性の向上と認知・価値観の醸成と共有が全社的なリスクマネジメントには必要不可欠です。保険代理店も雇用を前提とした組織化が進み、当局からの規制が強化される中で、内部ステークホルダーとの関係の再構築及び認知と価値観の共有を図っていくことがガバナンス体制構築の鍵になってくると考えられます。

- **その他**（組織の文化、組織が採択した規格・指針及びモデル、契約上の関係及びコミットメント、相互依存及び相互関連）

  ⇒組織の求心力や仲間意識等の文化、採用している ISO 等の規格や様々な経営モデル及び社内の規程や基準、従業員との労働契約やコンプライアンス問題、倫理観及び取引先との関係性や依存度は様々ですが、それらの状況をしっかり理解することがリスクマネジメント活動を行う上では必要不可欠です。保険代理店においても、今後は従来の個人事業の延長に近い組織文化を改め、新しい業界環境に適応した事業モデルを構築し、社内の労働環境整備等を行うことが必要不可欠になるでしょう。

５.４　設計

5.4.1　組織及び組織状況の理解

【組織の外部状況の理解】
- 国際、国内、地方又は近隣地域を問わず、社会、文化、政治、法律、規制、金融、技術、経済及び環境に関する要因
- 組織の目的に影響を与える、鍵となる原動力及び傾向
- 外部ステークホルダーとの関係、並びに外部ステークホルダーの認知及び価値観、必要性及び期待
- 契約上の関係及びコミットメント　・ネットワークの複雑さ、及び依存関係

【組織の内部状況の理解】
- ビジョン、使命、価値観　　・企業統治、組織体制、役割及びアカウンタビリティ
- 戦略、目的、方針　・組織文化　・組織が採用する規格、指針及びモデル
- 資源及び知識として理解される能力（例えば、資本、時間、人員、知的財産、プロセス、システム、技術）
- データ、情報システム及び情報の流れ
- 内部ステークホルダーの認知及び価値観を考慮に入れた、内部ステークホルダーとの関係
- 契約上の関係及びコミットメント　・相互依存及び相互関連

　この章では「設計【5.4】」の「リスクマネジメントに関するコミットメントの明示【5.4.2】」「組織の役割、権限、責任及びアカウンタビリティの割り当て【5.4.3】」について保険代理店の視点から解説をさせて頂きます。

1．リスクマネジメントに関するコミットメントの明示【5.4.2】
　リーダーは、リスクマネジメントに関する継続的なコミットメントを行動で示し、明示することが求められます。それは、組織の目的やリスクマネジメントへのコミットメントを明確に伝える方針、声明等で行うことが可能ですが、その中には以下の事項を含めることが求められ、必要に応じて組織内及びステークホルダーに伝達することが重要です。

・組織がリスクのマネジメントを行う意義、並びに組織の目的及びその他の方針との繋がり
　リスクマネジメントを推進するためには、その取組みが企業の価値向上に対して効率的・効果的であり、企業として理にかなった意義のある活動であること、リスクマネジメントの推進が組織の目的達成や方針に沿っていることが大切です。保険の活用についても効率的・効果的であり、組織の目的や方針の達成に貢献することが前提となるため、理論と根拠に基づいた合理的な保険設計を行うことが保険のプロである保険代理店には求められます。

・リスクマネジメントを組織全体の文化に統合する必要性を強めること
　全社的にリスクマネジメントを推進するためには、その重要性・必要性を社内に浸透させると共に、組織の風土や文化にリスクマネジメントを根付かせると共に、社内のルールや経営計画等にリスクの視点を落とし込むことが求められます。

・リスクマネジメントと中核的事業活動及び意思決定との統合を主導すること
　効果的・効率的なリスクマネジメント活動が主たる事業に与える影響について社内で共有すると共にリスクに対する意思決定の重要性を認識させ、全社員に対してリスクを念頭においた活動及び意思決定を浸透させることが求められます。

・権限、責任及びアカウンタビリティ
　アカウンタビリティは法的な責任を伴うという点においてレスポンシビリティの責任よりも重い意味合いで使われますが、企業はリスクの運用管理に関する責任を果たすために適切な力量がある責任者を任命し、必要な権限を付与することが求められます。保険代理店は財務担当者のみならず、リスクごとの責任者とのコミュニケーションの中で、企業が抱えるリスクを把握すると共に、組織が管理すべき法的責任や社会的責任を認識し、経営者が有事の際に任務懈怠（けたい）を問われないために、しかるべき情報に基づいた意思決定の支援をすることが求められます。

・必要な資源を利用可能にすること
　リーダーは、責任者にリスクマネジメントの目標や計画を実現するために必要な予算や人員を提供し、必要な設備投資や教育・研修を行うことによって、責任者が必要な経営資源を利用可能にすることが重要です。当然のことですが、保険に関する予算も同様であり、保険代理店はリスクに対する保険活用の優位性を踏まえて、利用可能な提案で予算に組み込んでもらうことが求められます。

・相反する目的への対処の仕方
　あるリスク対策が別のリスクを増幅させることで部署間の対立を生むこともありますし、リスクに対する意識が高すぎると利益を圧迫することになります。また、各部署の抱えるリスクに対する認知や対策の優先順位が異なることも考えられるため、全社的な取組みとするためには、それらを解決に導く考え方や価値観が必要となります。企業の存続を左右する保険についても、保険料とその効果との比較において、会社の方針と認識の共有が求められます。

・組織のパフォーマンス指標の中での測定及び報告
　リスク対策は継続的な改善が必要ですが、その前提はルールと計画に基づいてリスクマネジメント活動を行ったか否かとなります。そのため、実際に対策をどの程度実行できたかついて、測定し、

報告を行うことが非常に重要です。

・レビュー及び改善

　　パフォーマンスと共に、レビューによってリスクマネジメントの枠組みやプロセスが有効に機能したか否かを確認することも重要であり、必要に応じて改善することが求められます。

　　結果としての保険の有効性についてはあまり議論されませんが、本来は過去の保険料支払い実績と保険金の支払額の比較や、現在のリスク環境を考慮した上で保険の必要性や優先順位を再検討すべきであり、今後は保険代理店がその判断基準を作ることが求められるでしょう。

２．組織の役割、権限、責任及びアカウンタビリティの割り当て【5.4.3】

　　マネジメントでは、役割・権限と責任及びアカウンタビリティは同時に与える必要があり、リーダーは、リスクマネジメントに関して、関連する組織の役割、権限、責任及びアカウンタビリティを組織のあらゆる階層に割り当てて伝達し、次の事項を行う必要があります。

・リスクマネジメントは、中核的な責務であることを強調する

　　リスクマネジメントを全社的に実施する上では、その活動がマネジメントにおいて中核的な位置付けであることを共有することが重要であり、そのような観点から保険代理店も中小企業のリスクマネジャーとしての立ち位置を確立する必要があります。

・リスクマネジメントを行うためのアカウンタビリティ及び権限をもつ個人（リスク所有者）を特定する

　　中小企業においては、リスクごとの責任者も全社的なリスク管理責任者も存在しないケースが多く、リスクに深く関わる保険代理店がその役割を代行することが求められます。しかしながら、その役割を果たしていくためには単なる保険の知識のみならず、リスクマネジメントに関する幅広い知識が求められます。

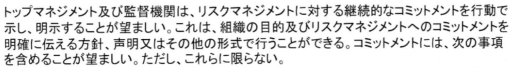

5.4　設計

5.4.2　リスクマネジメントに関するコミットメントの明示

トップマネジメント及び監督機関は、リスクマネジメントに対する継続的なコミットメントを行動で示し、明示することが望ましい。これは、組織の目的及びリスクマネジメントへのコミットメントを明確に伝える方針、声明又はその他の形式で行うことができる。コミットメントには、次の事項を含めることが望ましい。ただし、これらに限らない。
・組織がリスクマネジメントを行う意義、並びに組織の目的及びその他の方針とのつながり
・リスクマネジメントを組織全体の文化に統合する必要性を強めること
・リスクマネジメントと中核的事業活動及び意思決定との統合を主導すること
・権限、責任及びアカウンタビリティ　　・必要な資源を利用可能にすること
・相反する目的への対処の仕方　　　　・組織のパフォーマンス指標の中での測定及び報告
・レビュー及び改善
※リスクマネジメントに関するコミットメントを、必要に応じて、組織内及びステークホルダに伝達することが望ましい。

5.4.3　組織の役割、権限、責任及びアカウンタビリティの割り当て

トップマネジメント及び監督機関は、リスクマネジメントに関して関連する役割のアカウンタビリティ、責任及び権限が組織のあらゆる階層で割り当てられ、伝達されることを確実にし、次の事項を行うことが望ましい。
・リスクマネジメントは、中核的な責務であることを強調する。
・リスクマネジメントを行うためのアカウンタビリティ及び権限を持つ個人（リスク所有者）を特定する。

　この章では、「設計【5.4】」の「資源の配分【5.4.4】」「コミュニケーション及び協議の確立【5.4.5】」について保険代理店の視点から解説をさせて頂きます。

1．資源の配分【5.4.4】

　リーダーは、既存の資源の能力及び制約要因を考慮した上で、リスクマネジメントのための適切な資源の割り当てを行うことが求められます。なぜなら、組織がリスクマネジメントを実践し、効果を上げるためには、リスクマネジメント計画を作成し、それを実行するために必要となる経営資源（人材、時間、予算等）を適切に配分することが求められるからです。しかし、中小企業にはおいてはリスクマネジメントに必要な資源を確保することが非常に難しく、特に人員面においては保険代理店の積極的な関与と貢献が求められるでしょう。

・人員、技能、経験及び力量

　リスクマネジメントを実践する上で必要となる人員を確保すると共に、責任者や重要な役割を担う職務にはしかるべき力量を持った人員を選定することが重要です。企業の存続を左右する保険等の財務を担当する人員も同様ですが、中小企業においてはリスクマネジメントや保険の専門知識を有した人員を確保することが難しいため、その役割を保険代理店が社外のリスクマネジャーとしてしっかりと担っていくことが求められます。

・リスクマネジメントを行うために使用する、組織のプロセス、方法及び手段

　リスクマネジメントの担当者は、担当者の視点で資源の必要性を経営に対して要求しますが、限られた経営資源を有効に活用するには、全社的な視点で要求に対する評価を行い、優先順位に基づいて資源を提供するためのプロセス、方法及び手段が必要です。

・文書化されたプロセス及び手順

　社内規程として、リスク管理マニュアルや手順書が整備されていることが望ましく、保険に関する意思決定の手順やプロセスも決めておくことが重要です。どのような情報に基づいて保険の必要性の有無を判断し、どのような場合にどのようなリスクに保険を掛けるのか？　最終的な意思決定は誰が行うのか等を定めておくことも必要であり、今後は幅広いリスク情報を有する保険代理店がルールやマニュアルを作成し、そのプロセスや手順を推進する役割を担っていくべきでしょう。

・情報及び知識のマネジメントシステム

　リスクを分析するために必要な情報を収集するシステムを構築し、専門的な知識を要するリスクについては専門家の採用や外部委託などを行い、必要な時に必要な情報を入手でき、必要な知識を活用できる体制の整備が必要ですが、中小企業では、まさにその役割を保険代理店が担うことを求められていると考えられます。

・専門的な人材開発及び教育訓練の必要性

　計画通りにリスクマネジメントを実践するには、そのプロセスや手順を責任者が理解し、一人ひとりの人員が責任を果たすための知識や能力を備える必要があります。主としてリスクを分析する担当者の教育、分析した個別のリスクを組織として整理する中間管理職の教育、分析したリスク情報を基に判断を行う経営者の教育は、それぞれに必要であり、階層別に行うことが求められます。これからの保険代理店はリスクに精通した専門家として、保険を売るだけではなく、リスクコントロールや財務強化を支援することで、保険の効率化と最適化を図ることが必要ですが、その一環として、リスクマネジメントの教育訓練サービスを提供することも強く求められるでしょう。

2．コミュニケーション及び協議の確立【5.4.5】

　組織は、枠組みを支え、リスクマネジメントの効果的な運用を促進するために、コミュニケーション及び協議の仕組みを確立し、適時に行うと共に、関連する情報が適切に収集され、照合され、統合され、共有されること、及びフィードバックが提供され、改善を行うことが求められます。なお、コミュニケーションは対象者となる相手との情報共有を含み、協議は意思決定又はその他の活動を支援しますが、これらの方法及び内容はステークホルダーの期待を反映することが求められます。

1）内部とのコミュニケーション及び協議の確立

組織は、適切なリスク管理を継続的に行うために、求められるアカウンタビリティ（責任）やリスク情報を社内で共有すると共に、リスクマネジメントに関する指揮命令が組織内の隅々まで伝達され、現場における実施状況が必要な部署に必要なタイミングで集約される仕組みを作ることが必要です。

・枠組み、その有効性及び成果に関する適切な内部報告がある

リスクマネジメントに完成は無く、絶えずＰＤＣＡを回して継続的に改善することが求められます。保険についても同様であり、本当にこの保険は有効だったのかを検証することが必要です。作業的に継続手続きを行うのではなく、本当に必要な保険なのか？　もっと優先順位の高いリスクはないのか？　他のリスク対策は無いのか？を突き詰めなければ、保険の適切性を確保することは難しいでしょう。

・内部ステークホルダーとの協議のためのプロセスがある

リスクマネジメントには100％の正解が無く、決断する取組みであるため、社内でしかるべき協議を通して意思決定を行い、納得感を持って取り組むことが非常に重要です。保険についても現場のリスク状況によって必要性が判断されるため、社内メンバーとのしかるべき協議を通した最適な保険設計を導くことが必要です。また、保険の情報を必要に応じて社内で共有することも大切であり、保険の有無や保険料、付保内容等を社内メンバーが認識することが適切なリスクコントロール活動を促します。

2）外部とのコミュニケーション及び協議の確立

組織は外部のステークホルダーと積極的にコミュニケーションを図ることによってステークホルダーからの期待値を把握し、適切にリスク情報を提供する必要があります。また、法的に要求される報告や緊急時に必要なコミュニケーションについてもそれらが適切に行われることを確保するための計画や仕組み作りをしていく必要があるでしょう。

・適切な外部ステークホルダーを参画させ、情報を効果的に交換することを確実にする

株主や取引先、消費者等のステークホルダーとの適切なコミュニケーションから、リスクやその優先順位を判断していくことが求められます。保険の設計についても、どのステークホルダーへのどのような影響を優先的に考えて保険を付保するのかを検討する必要があるでしょう。

・危機又は不測の事象発生時にステークホルダーとコミュニケーションを図る

有事の際には影響を与えるステークホルダーに適切にリスク情報を伝えることが求められますが、保険の付保がない場合等はその根拠を問われる可能性があり、しかるべき情報に基づかない判断の場合は注意義務違反を問われる可能性があります。これからの保険代理店は有事の際に経営者がしっかりと保険加入の根拠が示せるように、判断基準となる情報の提供や判断基準の設定、意思決定プロセス等を構築することも求められるでしょう。

5.4　設計

5.4.4　資源の配分

トップマネジメント及び監督機関は、リスクマネジメントのための適切な資源の割り当てを確実にすることが望ましい。資源には、次の事項が含まれる場合がある。ただし、これらに限らない。
- ・人員、技能、経験及び力量
- ・リスクマネジメントを行うために使用する、組織のプロセス、方法及び手段
- ・文書化されたプロセス及び手順　　　・情報及び知識のマネジメントシステム
- ・専門的な人材開発及び教育訓練の必要性

組織は、既存の資源の能力及び制約要因を考慮することが望ましい。

5.4.5　コミュニケーション及び協議の確立

組織は、枠組みを支え、リスクマネジメントの効果的な適用を促進するために、コミュニケーション及び協議に対する、認められた取組み方を確立することが望ましい。コミュニケーションは、対象者とする相手との情報共有を含む。また、協議は、意思決定又はその他の活動に寄与し、これらを形成することを期待してフィードバックを提供する参加者をも含む。関連する場合、コミュニケーション及び協議の方法及び内容は、ステークホルダの期待を反映することが望ましい。
コミュニケーション及び協議は、適時に行うことが望ましい。また、関連する情報が適切に収集され、照合され、統合され、共有されること、及びフィードバックが提供され、改善がなされることを確実にすることが望ましい。

⑩ 実施・評価・改善

　この章では「実施【5.5】」「評価【5.6】」「改善【5.7】」について保険代理店の視点から解説記載したいと思います。

１．実施【5.5】

　ここではリスクマネジメントの枠組みの実施について、保険代理店の視点から説明致します。

・時間及び資源を含めた適切な計画を策定する。

　リスクマネジメントは場当たり的ではなく、期限が設けられ、必要な資源が明確化され、適切に計画されたものである必要があります。リスクマネジメントは一般的な事業プロセスに組み込まれる必要があるため、経営計画が作成されるタイミングに合わせて枠組みを構築し、全社的なＰＤＣＡサイクルに合わせて実践することが重要です。具体的には経営計画にリスクの視点を織り込んでリスクマネジメント計画を作成し、責任者を任命すると共に、計画に必要な予算等の経営資源を割り振ります。また、事業環境の理解や外部及び内部とのコミュニケーションをいつ、どのような方法で取るのかの戦略を決定して実践します。保険代理店はこれらの計画の作成に関わることで、経営への関与が可能になるだけではなく、次年度のリスク環境や財務環境に応じた保険料の予算の検討にも関わることが可能になるでしょう。

・様々な種類の決定が、組織全体のどこで、いつ、どのように、また、誰によって下されるのかを特定する

　リスクに関わる意思決定が、どのような会議体において、どのタイミングで、どのような判断基準で議論され、最終的な決定権者や責任者が誰なのかを明確にすることによって、責任の所在と共に、その意思決定のプロセスやタイミングを共有することが可能になります。保険に関する意思決定についても同様に、満期日が統一され、最終的な判断がいつ誰によって行われるのかを明確化していることが望ましいでしょう。リスクマネジメントは一部の専門家や経営陣だけが意識を持ってやるものではありません。リスクは現場で発生するため、全員が納得感を持ってリスクマネジメントに取り組む必要があり、働く一人ひとりのリスクへの意識や行動・言動がリスクマネジメントの有効性に繋がります。リスクはいつどこで発生するか分からず、絶えず変化しているため、誰もが突発的に発生するリスクに遭遇し、対応を迫られる可能性がありますが、その時々に適切に対応するためには、リスク情報を共有し、教育訓練を通してリスク感性を高め、リスクへの対応力を高めていくことが必要不可欠です。保険代理店は、リスクマネジメントの規程や計画の作成のみならず、それらを社内で共有するための教育・訓練まで関わることで更に付加価値を高めることが可能になります。

２．評価【5.6】

　枠組みの設計はその適切性、実行性、有効性をしっかりと評価しなければ、リスクマネジメントの機能を維持し、組織のパフォーマンスを高めていくことができなくなります。事業環境やリスクは絶えず変化しているため、それらの変化に合わせて枠組みの予算や組織態勢も変えていく必要がありますし、組織としての費用対効果を図る上でも評価は必要不可欠であり、設定した目標に対する進捗を把握し、事業への貢献度を計ることが求められます。

・意義、実施計画、指標及び期待される活動に照らして、リスクマネジメントの枠組みのパフォーマンスを定期的に測定する

　リスクマネジメントが計画通りに遂行されているかを定期的にチェックしますが、実際にはリスクごとにモニタリング及びレビューの頻度は異なります。そのため、年に１回のモニタリング及びレビューで十分なリスクもあれば、半年に１回は必要なものもありますし、リスク対策の欠如が事故に直結するようなものについては毎日のチェックが必要になる場合もあります。一般的には、これらのモニタリングは監査役やリスクマネジメント部門が行いますが、中小企業の場合にはそのような部署や人材がいないことが多いため、ここでも保険代理店の活躍が期待されます。モニタリングを保険代理店が請け負うことによってリスクマネジメントの実施状況が把握できるため、更に適切な保険提案にも繋がるでしょう。

・リスクマネジメントの枠組みが組織の目的達成を支援するために適した状態か否かを明確にする

　設計した枠組みが本当に適切だったか否かを有効性の視点から検証する必要があります。具体的にはリスクマネジメントの実践の結果、期待された効果（事故や損失額の減少等）が発揮され、組織のパフォーマンスが高まったか否かを目標と比較することで評価します。また、当初の予算や人員配置、組織構造で十分だったか否かを予実管理や労働時間、組織の機能性から判断していくことが求められます。内部及び外部との

コミュニケーションについても実施したことだけではなく有効性の判断が重要であり、そのコミュニケーションによって価値ある情報が収集できて、リスク管理の品質を上げることに繋がったか否かを検証しなければなりません。保険代理店がレビューを請け負うことでお客様のリスクマネジメントの有効性を把握することが可能となり、保険の適切な設計に繋がりますし、同時に保険の有効性についてのレビューを行うことにも繋がります。

３．改善【5.7】

　リスクマネジメントの取組みは、絶えず環境変化に適応すると共に、PDCA を回すことによって、ての機能を維持し、理想的な形に近づけていくことが重要です。

・適応【5.7.1】

　　組織は外部及び内部の変化に対応できるように、リスクマネジメントの枠組みを継続的にモニタリングし、適応することが求められ、それによって組織は継続的に価値を高めることが可能となります。

・継続的改善【5.7.2】

　　モニタリング及びレビューの結果に基づいて、有効性が高い取組みは継続的に機能を維持し、十分に機能しなかった部分については改善を行っていく必要があります。リスクマネジメントは継続的な取組みであり、この運用を支援することができるのは地域密着でお客様のリスクを把握している保険代理店と考えられます。そして、枠組みの運営に関わることができれば、全社的なリスクマネジメント態勢に応じた適切な保険設計を実現することも可能となります。

実施(5.5)

組織は次の事項を行うことによって、リスクマネジメントの枠組みを実施することが望ましい。
・時間及び資源を含めた適切な計画を策定する。
・様々な種類の決定が、組織全体のどこで、いつ、どのように、また、誰によって下されるのかを特定する。
・必要に応じて適用される意思決定プロセスを修正する。
・リスクのマネジメントを行うことに関する組織の取決めが明確に理解され、実施されることを確実にする。
枠組みの実施を成功させるためには、ステークホルダが参画し、自ら認識することが必要である。これによって、組織は、新たな不確かさ又は後続の不確かさが発生する都度、それらを考慮に入れることを可能にし、また、意思決定において不確かさに明確な形で取り組むことができる。
適切に設計され、実施されたリスクマネジメントの枠組みは、リスクマネジメントプロセスが、意思決定を含め、組織全体の全ての活動の一部になること、並びに外部及び内部の状況の変化が適切に取り入れられることを確実にする。

評価(5.6)

リスクマネジメントの枠組みの有効性を評価する為に、組織は、次の事項を行うことが望ましい。
・意義、実施計画、指標及び期待される活動に照らして、リスクマネジメントの枠組みのパフォーマンスを定期的に測定する。
・リスクマネジメントの枠組みが組織の目的達成を支援するために適した状態か否かを明確にする。

5.7　改善

適応(5.7.1)

組織は、外部及び内部の変化に適応できるように、リスクマネジメントの枠組みを継続的にモニタリングし、適応させることが望ましい。それによって、組織は自らの価値を高めることができる。

継続的改善(5.7.2)

組織は、リスクマネジメントの枠組みの適切性、妥当性及び有効性、並びにリスクマネジメントプロセスを統合する方法を継続的に改善することが望ましい。
関連するかい離又は改善の機会が特定された時点で、組織は計画及び実施事項を策定し、実施に関してアカウンタビリティをもつ人にそれらを割り当てることが望ましい。これらの改善は、実施された時点でリスクマネジメントの向上に寄与するはずである。

第6章から「枠組み【5】」について説明してきましたが、最終的に様々な決定事項を実践していくためには、①リスクマネジメント組織の構築、②リスク関連規程の策定、③リスクマネジメント計画の作成、④リスクマネジメント教育・研修、⑤コミュニケーションの仕組み等が必要になります。ここでは、「①リスクマネジメント組織の構築」について解説をさせて頂きたいと思います。

1．リスクマネジメント組織の構築

リスクマネジメントは全社的な取組みであるため、必要に応じて新たな部署や会議体を設置すると共に、責任体制を確立する必要があります。次ページに一般的なリスクマネジメント組織の図がありますが、それぞれの人員及び組織の役割と保険代理店の関わりについて説明します。

1）リスクマネジメント人材とその責任

全社的リスクマネジメントを推進していくためには、経営者のコミットメントを受けて枠組みやプロセスを構築し、実践するための人員の存在が必要不可欠です。以下に一般的に必要となる役職と役割について説明します。

① ＣＲＯ（リスク管理担当役員）

ＣＲＯはチーフ・リスク・オフィサーと言われ、組織全体のリスク管理の責任を負う立場であり、リスクマネジメント委員会の委員長として全社的なリスク管理体制を推進していきます。大きな組織では専門人員をおいているケースもありますが、中小企業においてはほとんどの企業で社長もしくは兼任の役員がその役割を担っていると考えられます。

② リスクマネジャー

リスクマネジャーは一般的にリスク管理部に所属し、各部門のリスクマネジメント業務の支援や緊急時の対応、リスクマネジメント規程の策定等を行います。また、協議チームの議長としてリスクマネジメントプロセスの推進を行うと共に、リスクマネジメント委員会の事務局として情報の収集と整理を行い、リスクマネジメント委員会に計画や実施状況の報告等を行います。

③ リスク管理責任者

リスク管理責任者は、現場（部門）の態勢構築（図の【2】部門別ＲＭ体制）及びリスクマネジメント実務の推進を行います。リスクアセスメントやリスク対策、モニタリング及びレビューの実施責任を負い、協議チームの一員としてリスク情報を共有し、リスクマネジメント計画等の作成を行います。

2）人員の選任

リスクマネジメントを社内で推進していく人員には、業務の性質上高い見識と使命感が求められます。具体的には以下のような要素が必要です。

・知識、ノウハウ

全社的リスクマネジメントを推進していく上においては、経営的な視点と共に経済・法務・財務・保険等の幅広いリスクマネジメント関連知識が必要となってきます。

・資質・能力

リスクマネジメントの実践には、自社の規模・特性に応じた適切な取組みが求められるため、最新かつ正しい情報に基づいた決断力や判断力が強く求められます。また高いリスク感性を持ち、有事の際にも慌てない冷静さと統率力が重要です。

・リーダーシップ（ネットワーク）

全社的リスクマネジメントを実践するためには社内人員や関係部署及び外部の専門家等の多くの方々の協力が必要不可欠であり、社内外の幅広いネットワークと多くの方々から信頼され、支持されるリーダーシップが必要です。

3）リスクマネジメント組織とその役割

全社的リスクマネジメントはリスクマネジメントに責任をもつCROやリスクマネジャーのみが卓越したノウハウや経験値で実施するものではなく、彼らを中心としながらも全員参加で一丸と

なって取り組むものです。そして、そのためには一人ひとりの活動を支えるルールや計画を策定し、意思決定や評価を行う組織（図の【1】「全社的ＲＭ体制」）を設けて全社的なリスクマネジメントの支援を行う必要があります。

④ リスクマネジメント委員会

　リスクマネジメント委員会は一般的にＣＲＯを委員長として役員や有識者がメンバーとして参加し、リスクマネジメントに関する全社的な意思決定（財務的な保有額の決定やリスクマネジメント方針、その他の重大な意思決定）や承認（リスクアセスメントの結果や対応方針、リスクマネジメント規程や計画の承認等）を行います。保険代理店はリスクの専門家として、委員会にオブザーバーで参加することなども重要と考えられます。

⑤ リスク管理部

　リスク管理部にはリスクマネジャーが在籍し、現場のリスクマネジメントの支援（リスクアセスメントやリスク対策の実施及びモニタリング等）をすると共に、リスク管理規程やリスクマネジメント計画の策定及びコミュニケーションの仕組み作り等を行います。また、リスクマネジメント委員会の事務局として委員会資料や議事録の作成及び決定事項の全社への告知等も行います。中小企業では、専門の部署や人員を置くのは困難であるため、地域の保険代理店がその役割を担うことが期待されます。

⑥ 協議チーム

　各部門のリスク管理責任者で構成される組織であり、一般的には部門を統轄するリスクマネジャーが議長となります。協議ではメンバーがそれぞれの現場の情報を持ち寄り、ステークホルダーの声を反映しながら協議を行い、リスクマネジメントプロセスを実践していきます。

保険代理店の役割

　実際には、多くの中小企業においてはリスクマネジメントの専門人員を置くことは難しいため、保険代理店がそれらの人員の役割を担うことが期待されるでしょう。具体的には、保険代理店はリスクに関する情報や有事の際の経験値が豊富であるため、社外リスクマネジャーとしてリスクマネジメントの実務支援を行うと共に、専門人員の教育・研修やサポートを行うことも期待されます。

　また、これからの保険代理店の役割として、全社的 RM 体制を構築し、運用していくために、様々なリスクマネジメント組織の運営支援を行うことも期待されるでしょう。具体的には、リスクマネジメント組織のアドバイザーとして、リスクマネジメント委員会やリスク管理部門の活動を支援し、必要に応じて助言を行うことでスムーズなリスクマネジメント活動を実現することが可能となります。

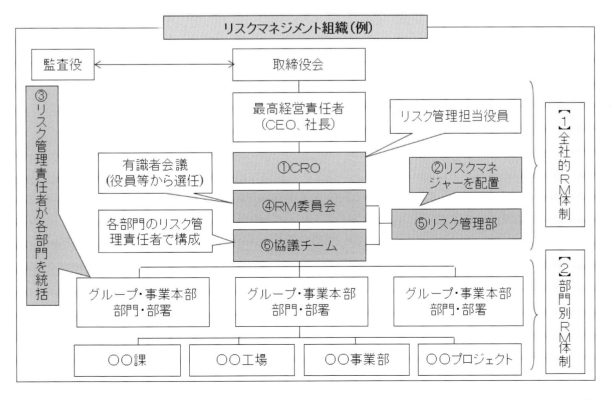

12 「枠組み」の実践②~リスクマネジメント関連規程の策定~

　全社的リスクマネジメントを実施する上で必要なのは、組織内でリスクマネジメントに対する認識やルールを共有することであり、一貫した方針や手順を明確化したリスクマネジメントに関連する規程は必要不可欠です。しかしながら、就業規則やその他の社内規程のように雛形や法的に要求される内容が定められている訳でもなく、規程の作成を支援する専門家もいないことから、ほとんどの企業で作成されていません。

1．リスクマネジメント関連規程とは？

　リスクマネジメント関連規程とはリスクマネジメントの方針や手順を定めた社内規程ですが、決まった形やルールがある訳ではありません。一般的にはリスクマネジメントに対する会社の姿勢や取組み方針を明確にし、リスクマネジメントの必要性や重要性、ISO31000 の「枠組み」で決定した社内のリスク管理体制等を共有することを目的とした「リスクマネジメント規程」と、「リスクマネジメントプロセス」を全社的に統一感を持って実践するために、具体的な取組み手順や手法を定めた「リスク管理マニュアル」を作成している企業が多いと思われます。それ以外にも有事の際の「ＢＣＰ（事業継続計画）」や「危機管理マニュアル」を別ルールとして作成している会社やリスクごとにマニュアルを作成している会社もあり、会社の規模・特性や方針・姿勢によって規程の在り方は様々で良いと考えられます。そして、これらの規程に基づいて毎年リスクマネジメント計画が作成され、ＰＤＣＡを回していくことになります。

2．リスクマネジメント関連規程の必要性

　会社法施行規則第 100 条第 1 項第 2 号には業務の適正を確保するための体制として、「損失の危険に関する規程その他の体制」を作ることが明文化されています。つまり、「リスク関連規程の作成」と「社内体制の構築」の必要性が明文化されており、大会社（資本金 5 億円以上、負債総額 200 億円以上の会社）については義務となっていますが、多くの企業ではまだ整備されていないのが実態です。また、大会社でなければリスク関連規程を作成する必要がないかというとそうではありません。企業が発展していくためには様々なリスクに能動的に対応していく必要がありますし、事業活動に伴うリスクを適切に抑制することで社会的責任を果たしていくためには規模・特性に応じた適切なリスクマネジメント態勢を構築する責任があるからです。それらのリスク対策を怠っていると、経営陣が善管注意義務違反として任務懈怠責任を問われ、株主代表訴訟に繋がることもありますので、注意が必要です。

3．リスクマネジメント関連規程の内容について

　前述のように、リスクマネジメント関連規程には画一的なフォームや雛形がある訳ではありません。リスクマネジメントは、自社の規模・特性・社会性等からリスクに対する判断や決断をしていくものであり、それはリスクマネジメント関連規程でも同じです。ここでは事例として 3 種類の規程について説明させて頂きます。（図参照）

1）「リスクマネジメント規程」

　リスクマネジメントの「枠組み」で決定した事項を中心に記載した規程であり、一般的にはリスクマネジメントの目的や方針、リスクの定義等が記載されています。また、自社を取り巻く事業環境や理念・ビジョンの視点からリスクマネジメントの必要性や重要性を述べると共に、リスクマネジメントに取り組むための社内体制や役割・責任の所在等が記載されていることも多いでしょう。会社によっては、リスクマネジメント計画の作成及び実施のスケジュール、大まかなリスクマネジメントの手順、社内外のコミュニケーションの仕組み等を規定している場合もあります。

2）「リスク管理マニュアル」

「リスクマネジメントプロセス」の流れに沿ってリスクマネジメントを実践するために必要な手順や手法、情報を中心に記載されています。具体的には、リスクマネジメントプロセスを推進するための「コミュニケーション及び協議」の進め方や「結果」や「起こりやすさ」の基準やリスクの構成要素等に関する内容等が記載されています。その上で、それらの基準や情報に基づいてリスクアセスメント（「リスク特定」「リスク分析」「リスク評価」）の実施手順や具体的な手法及びリスク対応策の検討方法や選択基準等が記載され、最後に「モニタリング及びレビュー」の実施方法や評価基準についての記載があるのが一般的です。リスク管理マニュアルは、現場の担当者がマニュアルを見ることで、簡単に何をすれば良いか分かることが重要であり、あまり複雑で難易度の高いマニュアルでは機能しない可能性があるため注意が必要です。

3）「危機管理規程」

事故発生後の「クライシス（危機）」に組織としてどのように対応していくかという方針やルールが記載されています。日本には地震・台風という避けることができない大きな自然災害リスクがあることから、リスク管理マニュアルは無くても「危機管理規程」や「ＢＣＰ」は作成しているという会社も少なくありません。また近年においては、中小企業庁が事業継続力強化計画（ジギョケイ）の認証を推進しているため、その認証を取得している企業も多いと考えられます。具体的な内容としては、重大性のレベルや発生場所、発生時間等に応じた責任者や緊急時対応組織の在り方、各人及び各部署の役割等が記載されます。ポイントとしては、有事の際に機能するものでなければならず、平時の取組みでルールが浸透していることやルールの簡潔性・明瞭性が求められます。

保険代理店の役割

会社法において規程が義務付けられている大会社を含めて、多くの企業でリスクマネジメント関連規程が作られていないことが想定されますが、この規程の策定支援ができるのは、リスクの専門家である保険代理店だけと考えられます。幅広いリスクに関わる保険代理店こそがリスク管理規程を作成できる唯一の専門家であるという自負を持って、保険業務で培ったノウハウや経験値を発揮すべきでしょう。

これからの保険代理店は、保険の提供のみならず、リスクマネジメント規程やリスク管理マニュアルと共に、事故時の危機管理規程やＢＣＰの策定、ジギョケイの認定取得の支援等を行うことによって企業を事故や災害から守ることが求められます。

リスクマネジメント関連規程		
リスクマネジメントの方針や基準、進め方等を記載した文書を言い、目的に応じて以下のように複数の規程が作成されることもあり、それが毎年のリスクマネジメント計画の作成に繋がります。		
1）リスクマネジメント規程	2）リスク管理マニュアル	3）危機管理規程
主にリスクマネジメントの目的や方針、ISO31000の「枠組み」で決定した全社的リスクマネジメントに必要な社内体制や仕組み等が記載されてます。	リスク管理責任者が現場のメンバーとリスクマネジメントプロセスを実践する上で必要な情報、手順や手法等が記載されています。	危機（クライシス）の判断基準や有事の際の緊急時組織の在り方や具体的な対応方針等と共に、責任者及び対処法等が記載されています。
①RMの目的・方針 ②自社におけるリスクの定義 ③リスクマネジメントの必要性 ④リスク管理体制 ⑤リスク管理システム	①リスク基準（評価基準等） ②アセスメントの手順や手法（リスク特定・分析・評価） ③リスク対応策の手法 ④モニタリング及びレビュー	①危機（クライシス）の基準 ②危機への対応方針 ③有事の際の対応組織 ④各組織の役割分担 ⑤緊急時広報について

リスクマネジメント計画の作成

リスクマネジメントに関する取組みは、通常のマネジメントに一体化されていることが重要であり、全社的な経営計画に織り込まれていることが大切です。また、リスク環境は絶えず変化しており、リスクへの対応手法についても日進月歩で進化するため、リスクマネジメント計画に基づいて PDCA サイクルを回すことで継続的な最適化を図る必要があります。

そもそもリスクマネジメントは緊急性及び効果の不明瞭性といった特徴から業務の優先順位が低くなる傾向があるため、具体的な活動計画に基づいてルーティン業務の中に取り入れ、リスク対策の実施が社内の評価に繋がる仕組みが必要となります。ここでは、初めてリスクマネジメント計画を作る企業を想定して準備期間と1年目の流れについて説明しますが、準備期間及び計画のサイクルは企業規模や特性に応じて様々であり、この章では準備期間6か月、1月~12月までの1年サイクルの場合を想定して解説させて頂きます。（図参照）

1．準備期間について

1）スタートアップ

全社的なリスクマネジメント計画を作成し、実施するためには準備期間を設けて、リスクマネジメントの必要性と重要性を社内において共有し、枠組みの構築とリスクマネジメントプロセスの手順を定める必要があります。基本的には経営計画と期間を合わせるために、初年度は年度のスタートから逆算して準備期間をスタートさせることが重要です。まずは経営者の指令及びコミットメントに基づいて RM 委員会を組成し、経営環境の適切な把握を通してリスクマネジメント方針を定め、実践に必要な組織体制を整える必要があります。

2）枠組みの構築

枠組みの構築に必要な期間についても規模・特性やリスクに対する姿勢によって様々ですがここでは枠組みの構築期間を3か月とした場合を想定します。まず、RM 委員会、RM 部門、協議チームのメンバーに選ばれた人員は各組織及びメンバーの役割と責任に応じた教育・研修を受ける必要があり、それによって最低限必要な知識やノウハウを習得した上で実務に入ることになります。一般的に、目標や予算、全体スケジュール、情報共有の仕組み等の枠組みは RM 部門で検討してリスクマネジメント規程にまとめ、RM 委員会で承認する形で決定されます。リスクマネジメント規程は教育・研修を通して協議チーム（リスク管理責任者）にも理解をしてもらう必要があるでしょう。

3）リスクアセスメントの実施

リスクアセスメントは、リスクマネジメント関連規程に記載されたリスク基準や評価基準に基づいて現場やステークホルダーからの情報を活用して実施されます。リスク管理責任者が中心となって現場よりリスクの情報を吸い上げ、協議チームにおいてリスクの特定・分析・評価を実施します。効率的かつ効果的なリスク対策を実施するためには、企業を取巻くリスクを正しく認識し、影響度や会社の方針等から対策の優先順位を明確にして取り組むことが必要です。リスクアセスメントはどこに前提条件や被害想定をおくかで分析結果も優先順位も大きく変わるので注意が必要です。

4）リスクマネジメント計画の作成

リスクアセスメントの結果に基づいて優先順位を付けてリスク対応策を検討します。リスク対策はその効果とコストを想定し、予算を考慮して決定する必要があります。そのため、計画ではリスク対策を実施した結果が正当に評価されるように、いつまでにどのような取組みを行って、どのような成果を生み出すかについての明確な目標設定が必要となってきます。リスクごとに責任者を任命し、取るべき対策とそれを遂行する部門を明確にした上で、RM 部門において情報を集約してリスクマネジメント計画に落とし込みを行い、リスクマネジメント委員会の承認を得た上で、再度協議チーム及びリスク対策を実施する組織と情報を共有します。リスクコントロール及び財務力には限界があるため、想定を超えるリスクが発生する可能性がある場合にはしっかりと保険

の手当てをしておくことも必要です。また、リスクによっては 1 年以上の期間を設定して長期的に対策に取り組むケースもあるでしょう。

２．1 年目の活動について

１）リスク対策の実施とレビュー

　リスクマネジメント計画に基づいて、各現場においてリスク対策が実施されますが、リスクの種類や対策に応じて、実施状況をモニタリングするべき頻度やサイクルは違ってきます。この章での事例では対策実施から 5 か月後に中間レビューを行い、その時点における実施状況と効果を協議チームで評価し、必要に応じて RM 部門において改善計画を作成し、RM 委員会の承認を得て再び現場におろします。最終的なレビューは更に 5 か月後の 10 月に実施し、協議チームで最終レビューの評価を行い、RM 部門において結果報告書を作成して RM 委員会の承認を受けます。

２）次年度の準備活動

　11 月には取組みの結果を踏まえて、RM 部門は「枠組み」の修正計画を作成し、RM 委員会の承認を得ると共に、現場サイドでは改めてリスクアセスメントを行い、協議チームにおいてアセスメント結果を整理し、枠組みで承認された予算を念頭に対応策を検討します。12 月には、RM 部門において次年度のリスクマネジメント計画を作成し、RM 委員会の承認を得て現場で共有され、翌年度より実施されます。

保険代理店の役割

　中小企業においては、リスク管理部門やリスクマネジャー等の専門の部署や人員を置くことが難しいケースも想定されますが、今後は保険代理店が社外リスクマネジャー的な立ち位置で、リスクマネジメントの実施に関わることが期待されるでしょう。本来、企業はリスクマネジメント計画の流れの中で対策の一手法として保険の検討を行うべきですが、場当たり的に保険を掛けていることがほとんどです。財務戦略としての保険活用の検討は、経営計画の作成時に行われるべきであり、保険代理店の指導の下でリスクマネジメント計画に基づいた保険設計を行うことで、より有用な保険活用が可能となります。

リスクマネジメント計画

組織名		RM 委員会	RM 部門	協議チーム	現場
メンバー		（取締役等の有識者）	（リスクマネジャー等）	（各部門のリスク管理責任者）	（RM に取組む社員）
準備期間	7 月	状況把握・方針確定・組織構築	メンバー収集・必要な教育・研修	メンバー決定	
	8 月	RM 部門の決定事項の承認	RM 規程・資源配分案・情報共有案の策定	リスク管理責任者に必要な教育・研修	
	9 月		協議チームへの指導	社内ルール等の習得	
	10 月		アセスメントの支援	メンバーによるリスクアセスメントの実施	アセスメントの実務
	11 月		協議チームの運営	アセスメント結果を収集し、対応策の検討	
	12 月	リスクマネジメント計画の承認	リスクマネジメント計画を作成	リスクマネジメント計画の理解	リスク対策の理解
一年目	1 月		リスク対策の実施支援	リスク対策の進捗確認	リスク対策実施（5 月：中間レビュー）
	2 月				
	3 月				
	4 月				
	5 月	改善計画の承認	改善計画の作成	中間レビューの評価・改善策の検討	
	6 月		リスク対策の実施支援	リスク対策の進捗確認	リスク対策の実施（10 月：最終レビュー）
	7 月				
	8 月				
	9 月				
	10 月	リスクマネジメント結果の承認	RM 結果報告書の作成	最終レビューの評価・改善策の検討	
	11 月	次年度枠組みの承認	枠組みの修正計画作成	アセスメント結果の集約と対応策の検討	アセスメントの実務
	12 月	リスクマネジメント計画の承認	リスクマネジメント計画を作成	リスクマネジメント計画の理解	リスク対策の理解

　リスクマネジメントは特定の部署（リスクマネジメント部門）や人員（CRO、リスクマネジャー等）によって実施されるものではなく、全社一丸となって取り組むべきことであることは何度も述べた通りです。理由は組織のすべての階層・部門にリスクは存在しており、絶えず変化しているため、リスクに対峙した人員一人ひとりがそのリスクに対して適切な対応を行う必要があるからです。そして、リスクアセスメントを現場レベルで実践し、適切なリスクマネジメント活動を行うに当たっては、リスクマネジメントの教育・研修を通して従業員の一人ひとりがリスクマネジメントの重要性を認識し、自分自身の成すべき役割をしっかりと理解する必要があります。

　単なるリスク回避のために仕方なく行う取組みではなく、リスクマネジメントの実践が会社の理念・ビジョンの実現に繋がるという正しい理解があって初めて現場を起点とした正しいリスクマネジメント活動が実践されるのです。

　そして、これらのリスクマネジメントの教育・研修は、リスクに深く関わり、その企業を良く知っている保険代理店にしかできないサービスであり、会社の実態を踏まえた教育・研修活動は必ず企業に新たな付加価値を提供することになります。また、教育・研修を通して適切なリスク管理を行うことにより今まで以上に効率的な保険活用が可能になります。

　以下、一般的な教育・研修の種類とステップについて説明致します。

1．職層別研修

　全社的にリスクマネジメントを推進するためには、職層別に責任と役割に応じた教育・研修が必要不可欠となります。

1）役員・CRO（チーフリスクオフィサー）向け研修

　リスクマネジメントの最終的な責任を負うのは経営陣であり、役員賠償等の観点からもリスクマネジメントに取り組む必要性を認識する必要があります。また、全社的リスクマネジメントを進めるために必要な役割を認識して頂くと共に、枠組みや態勢を構築し、PDCAサイクルを回すために必要な知識を習得して頂く必要があります。

2）リスクマネジャー・リスク管理責任者研修

　リスクマネジメントの推進・管理責任者及び現場責任者として、リスクマネジメントプロセスの進め方を習得し、具体的なリスクアセスメントやリスク対策の手法に関する知識を習得すると共に、リスク管理マニュアルに基づいてリスクマネジメント計画を作成し、その進捗を管理するために必要な知識・ノウハウを習得します。

3）全社員研修

　全社員に、リスクマネジメントの必要性・重要性をしっかりと認識して頂くと共に、リスクマネジメントの実践に必要となる最低限の知識やノウハウ、自社のリスクマネジメント規程の内容やリスク環境について理解してもらいます。

2．その他の教育・研修

　リスクに関連する特定の部署や人員を対象とする教育・研修や、新しく発現したリスク等を対象とした研修も非常に効果が高いため、その時々の社会情勢やリスク環境に応じてカリキュラムを検討することも大切です。

1）トピックス

　法律改定や不祥事の発生等によって社会の関心が高まっているリスクについて個別に取り上げて研修を行うことも有効です。個人情報保護や働き方改革などの法律改定やサイバーリスクやハラスメントなどの新たなリスクへの対応も必要です。

2）リスク・職種・人員別

　人事労務関連リスクについては人事部、PLリスクに対して製造部門や開発部門、情報漏洩リスクに関してはIT部門や顧客管理部門、株主代表訴訟については役員等のように、それぞれ関連が深い部門や人員に対して個別に行う研修も当事者であるという認識がある中で効果的です。

3）新人（任）研修

　新入社員に対するリスクマネジメント研修や新任の管理職や役員に対する研修は非常に重要です。環

境が変わったことによって取り巻くリスクも責任も大きく変化するからです。特に新入社員の方々については リスク感性が低いケースが多いため必須と考えられます。

3．教育・研修のステップと形態

リスクマネジメント教育・研修は限られた時間とコストの中で効率的かつ効果的に実施されなければなりません。そのため適切なステップを踏んでレベル向上を目指すと共に、目的に応じて様々な形態で実施されることが必要です。

1）座学・E ラーニング（知識習得）

スクール形式での座学が一般的ですが、人数が多い企業の場合はE ラーニングで各人が個別に学習し、社内検定制度などを利用して理解度を確認することも大切です。

2）演習（実務力向上）

実務能力を向上させるためには、単なる知識習得ではなく演習等を通して実際に成果物（規程書や計画書等）を作成したり、演習内容の発表を通して成果物を共有する研修が有効です。

3）シミュレーション・実践（対応力向上）

リスクマネジメントは突発的な事態にいかに対応するかが問われるケースも多いため、それらを想定したシミュレーション及び実際に作成した計画を実践することも有効です。

4）継続的実践（OJT）

リスクマネジメントは枠組みの構築やプロセスの実践を通して学びを得ていきますが、最初から完璧なリスクマネジメントは難しいため、継続的に実践して PDCA を回し、経験値を積み上げることでレベルアップを図ることが必要です。

保険代理店の役割

幅広いリスクの視点から社内の教育・研修ができるのは保険代理店のみと言っても過言ではありません。教育・研修を通して自社の代理店の付加価値を高めると共に、それを保険料削減や保険提案に活かしていくことも重要です。また、研修によってお客様がリスクマネジメントを理解して頂く事で保険提案もし易くなると思われますし、講師をすることによってお客様との関係性も大きく変わることにも繋がってきます。

【参考】企業研修や講師にチャレンジしたい方は「NPO 法人日本リスクマネジャー＆コンサルタント協会」の認定講師等の資格を取得することをお勧めします。認定講師の肩書を持つことで営業もしやすく、自信を持って教育・研修サービスを提供することが可能になります。

教育・研修の目的と習得ステップ

目的
リスクマネジメント教育・研修を実施する大きな目的は以下の3つであり、これらの実践を通して社会性を持った安定的な経営を実現することが可能になる。 ①リスク感度の高い組織風土の醸成を図る ②リスクマネジメントに必要な知識やノウハウを吸収する ③最新のリスクマネジメント情報を社内で共有する

ステップ ＼ 役職等	役員・CRO	リスクマネジャー リスク管理責任者	その他の社員
1）座学・E ラーニング（知識習得）	全社的な枠組み構築	プロセス（アセスメント・リスク対策）	RMの必要性・重要性
2）演習（実務力向上）	枠組みの作成	計画書の作成	リスク対策検討
3）シミュレーション・実践（対応力向上）	枠組みの実践	計画の実践	リスク対策の実践
4）継続的実践（OJT）	枠組みのPDCA	プロセスのPDCA	リスク対策のPDCA

ここでは、枠組みの最後として、コミュニケーション及び協議の仕組みについて解説させて頂きます。まず「コミュニケーション及び協議の確立」を「外部とのコミュニケーションの仕組み」と「内部のコミュニケーションの仕組み」の大きく２つに分けて、リスク情報の「収集」と「発信」というコミュニケーションの機能を中心に解説をさせて頂きます。

企業は、内部及び外部からリスク情報を収集して社内で共有し、対応策を検討して対応状況等を対外的に発信する必要があります。保険代理店は、リスクの専門家として、お客様にリスク情報を伝えていく責任がありますが、本当のリスクは、その会社に深く関わる社員やステークホルダーからの情報に基づいて検証していく必要があります。保険代理店は、このコミュニケーションの仕組み作りを支援することで付加価値を提供すると共に、その情報に基づいて更なる適切な保険提案を実現することが可能となります。

１．リスク情報の収集

企業は、ステークホルダーを含む社会からの要請に応え続けることで、その存在意義を維持し、存続することが可能になります。つまり、ステークホルダーや社会からの期待や要請が情報として収集できなければ、現在及び将来の会社の存続が脅かされることになります。また逆に、社内の実態が分からなければ、現在及び将来にそれらに期待に応え続けることができるのか？ステークホルダー等の期待を裏切るような不祥事や事故が発生する可能性があるか否かを把握することができません。そのため、企業は以下のような方法で適切にリスク情報を収集し、対策を講じる必要があります。

　①内部からの情報収集

　　組織内部のステークホルダーから様々なリスク情報やリスク対策の実施状況、有効性の情報を収集することで、適切なリスク対策を打ち、問題点を改善することが可能になります。

　・定期的なリスクアセスメントの実施

　　　リスクマネジメント活動のスケジュールに基づいて、定期的に（年に１回程度）リスクアセスメントを実施し、現場からリスク情報を収集し、協議を行います。

　・内部通報制度による日常的な情報収集

　　　内部通報制度（ヘルプライン）を整備し、日常的に現場からリスク情報を吸い上げる仕組みを構築して内部告発に備え、不正を抑制し、自浄作用を働かせます。

　・モニタリング及びレビューの共有

　　　リスクマネジメント計画に基づくリスク対策状況や有効性等について、書式等の整備によって適切な情報が現場から収集される仕組みが必要です。

　②外部からの情報収集

　　外部のステークホルダーや社会からの苦情や要望、期待値をしっかりと収集することによって、自社の存在意義や社会的責任、様々な課題や問題点を認識することが重要です。

　・苦情受付窓口等の設置

　　　お客様のみならず、様々なステークホルダーから苦情や意見を受け付ける窓口を設置することで、広く社会からの要望を収集することが大切です。

　・情報交換会等の開催

　　　お客様や株主、地域住民や取引先等のステークホルダーと情報交換を行う場を積極的に設けることで、様々なニーズや要望を収集することが可能になります。

　・アンケート等の実施

　　　様々なステークホルダーにアンケートに答えて頂くことによって、組織として必要な情報を収集でき、組織に対する期待値や要望を具体的に認識することができます。

２．リスク情報の発信

企業は、社内外から収集したリスク情報を適切に社内で共有すると共に、リスクへの対応方針について社内で協議し、対応策を実施するためにリスク対策計画を共有することが求められます。また、社外に対するリスク情報の発信については、法的要求に基づいたリスクの開示責任を果たすと共に、有事や平時のコミュニケーションによってリスク情報や対策状況を発信することで、ステークホルダーとの信頼関係を構築し、リスクへの対応を企業価値の向上に繋げることが求められます。企業は以下のような手段で社内に対して把握したリスク情報やリスク対応方針について情報を発信して共有すると共に、必要に応じて外部に対しても適切にリスク情報やリスク対策情報を開示することが求められます。

①内部への情報発信

　リスクマネジメントを全社的取組みとして効果的に実施するために、リスクに対する認識を共有すると共に、組織の方針や計画が現場に浸透するための仕組みが必要です。

・教育、研修によるリスク情報の共有
　収集したリスク情報を社内で共有したり、リスク管理マニュアルやリスクマネジメント計画、リスク関連情報を共有するために、教育・研修を実施します。

・緊急連絡網による社内への情報伝達
　有事の際には安否を確認するための情報収集のみならず、現在の被害状況や会社の対応方針や適切な指示を、緊急連絡網を活用して発信することが必要です。

・計画に基づく指揮命令の仕組み
　どこの部署がどのような目標をもって、どのようなリスク対策を行うかというリスク管理計画の指示命令が正確に伝達される仕組みや書式の構築が必要です。

②外部への情報発信

　ステークホルダーや社会に自社のリスク情報を適切に発信することによって、組織としての信頼性と安全性を広く社会に伝達するための仕組みが必要です。

・統合レポート等の発行（平時の際の情報発信）
　企業は自社のリスクマネジメント推進状況について、積極的に社外向けの統合レポート等で社会に対して発信することで、社外のステークホルダー等との信頼関係を構築することが必要です。

・緊急記者会見等（有事の際の情報発信）
　事故等の発生の際には、必要に応じて事故内容や被害状況、発生原因や将来の被害想定を報告する記者会見等を開くと共に、影響を与える取引先や消費者等のステークホルダー及び関係する企業や役所に対して必要な報告を行うことが求められます。

・有価証券報告書等（法的義務を伴うもの）
　上場企業は、有価証券報告書の「事業等のリスク」においてリスクの開示を求められます。また、財務状況に大きな影響をもたらすリスクが顕在化した場合等は、国や関係機関に対して様々なリスク関連情報の報告が必要となります。

保険代理店の役割

　保険代理店は、社内外からの適切なリスク情報の収集と社内でのリスク情報及びリスクマネジメント計画の共有の仕組みの構築支援を、以下のような形で実施することが可能です。

・社内のリスク情報を吸い上げるためのリスクアセスメントの支援
・リスク管理策のモニタリング及びレビューの支援
・社内でリスク情報を共有するための教育・研修の支援
・社内外のステークホルダー等との適切なコミュニケーション手段の構築支援

　上記の支援を行うことによって、保険代理店は組織のリスク情報を把握し、更なる適切な保険提案に繋げていくことが可能となります。

内部及び外部とのコミュニケーションの仕組み

⑯ プロセスの概要

　ここからは ISO31000 の「プロセス【6】」という段階に入っていきます。「枠組み【5】」で構築された全社的なリスクマネジメントの仕組の中でいかにして適切なリスクアセスメントを通して効率的かつ効果的なリスク対策を実施していくかがこのプロセスの目的となります。以下に現場レベルにおいて実践される「リスクマネジメントプロセス」の概要について説明させて頂きます。

１．一般【6.1】

　リスクマネジメントプロセスは「組織の運用管理に不可欠な部分」であり、「組織の文化及び実務の中に組み込まれている」もので、「組織の事業プロセスに合わせて作られている」ものとされています。組織のあらゆる活動にはリスクが伴っていますが、組織の文化や実務は事業ごとに様々であるため、それぞれの事業プロセスに応じた、組織に特有のリスクマネジメントでなければ有効性を発揮できないと考えられるからです。

２．「リスクマネジメントプロセスの全体像」

　リスクマネジメントプロセスは組織の実務及びプロセスの一部として、組織の階層及び部門のすべてにおいて、リスクマネジメント計画に従って、以下のステップで実践していきます。

　　１）コミュニケーション及び協議【6.2】

　　　　コミュニケーションとは、ステークホルダー（従業員含む）とリスクの運用管理についての情報の提供、共有又は取得を行うことであり、協議はコミュニケーションによって認識したリスクに基づいて、社内のメンバーで認識を共有し、納得感を持ってリスク対応を行うために、必要性や重要性を認識するプロセスです。

　　２）適用範囲、状況、基準【6.3】

　　　　リスクマネジメントプロセスは様々なレベル（戦略、プログラム、プロジェクト等）で適用されるため、リスクマネジメント活動の範囲を特定し、考慮するのが望ましい外部及び内部の要因を理解し、組織の目的やリスクマネジメント方針に従って進め方や手順、リスク基準※1を設定します。

　　３）リスクアセスメント【6.4】

　　　　以下のリスク特定、リスク分析、リスク評価のプロセス全体の実践を指します。

　　　　・リスク特定【6.4.2】：リスクを発見、認識及び記述するプロセス
　　　　・リスク分析【6.4.3】：リスクの特質を理解し、影響の大きさを決定するプロセス
　　　　・リスク評価【6.4.4】：リスクの大きさが受容（許容）可能かを判断し、リスク対策の優
　　　　　　　　　　　　　　　先順位や方向性を把握するために、リスク分析の結果をリスク基
　　　　　　　　　　　　　　　準と比較するプロセス

　　４）リスク対応【6.5】

　　　　リスクコントロールやリスクファイナンシングを通してリスクの影響を修正すること。

　　　　・リスク対応の選択肢の選定【6.5.1】

　　　　　最適なリスク対応を選択するためには、目的の達成のために得られる効果と、実施に必要な費用・労力又は不利益とのバランスを考慮する必要があります。

　　　　・リスク対応計画の準備及び実施【6.5.2】

　　　　　リスク対応に関与する人々が、目標や取決めを理解し、計画に基づいて進捗を管理するために、リスク対策の実施方法やスケジュールを設定し、実施することが重要です。

　　５）モニタリング及びレビュー【6.6】

　　　　モニタリングを通してリスクマネジメント活動の実施状況を把握し、レビューを通してその活動の効果を把握します。この結果に基づいて適切に改善を行うことでＰＤＣＡを回し有効性を高めていきます。

6）記録作成及び報告【6.7】
　　定められた計画と書式に基づいて、リスクマネジメントプロセス及びその結末を文書化し、報告することが求められます。
※¹　リスク基準　：リスクの重大性を評価するための目安（基準）

3．リスクマネジメントプロセスの特徴

　ISO31000のプロセスには、プロセス全体に及ぶ「コミュニケーション及び協議【6.2】」とリスクアセスメントの前に実施する「適用範囲、状況、基準【6.3】」のステップが以下の理由により実施することが求められています。

① コミュニケーション及び協議【6.2】
　　プロセス全体に対して「コミュニケーション及び協議」を行う理由は大きく「ステークホルダーの考慮」と「リスク認識の多様性（認知ギャップ）」の2点と考えられます。リスクマネジメント活動の目的の一つは、ステークホルダーの期待に応えることであり、適切なステークホルダーとのコミュニケーションに基づかないリスクマネジメント活動は単なる自己満足に陥る可能性があります。また、社内メンバーのリスク認識にも大きなギャップがあることが多く、全社的に納得感を持ってリスクマネジメントを進めていくために、協議というプロセスが不可欠と考えられます。

② 適用範囲、状況、基準【6.3】
　　適用範囲、状況、基準では、「適用範囲の決定」「外部及び内部の状況」「リスク基準の決定」の3つのことを行います。それによって組織内外の環境の理解とリスクマネジメントの必要性の認識が進み、リスクアセスメントが容易になります。また、社内のメンバーを中心としたステークホルダーのリスク認識の多様性がある中で全社的な取組みを実施していくには、目的を共有し、リスクの定義やリスク基準及びリスクアセスメント手法などについて協議を行い、統一した基準と方法論の中で進めていく必要があります。

保険代理店の役割

　リスクマネジメントプロセスを全社的に進めるためには、幅広いリスクに関する知識と経験値を持つ人員が必要ですが、リスクマネジメントの専門部署やリスクマネジャー等の専門人員を持たない中小企業には非常に困難な取組みと考えられます。これからの保険代理店は、地域及び中小企業のリスクマネジメントの取組みを外部から支援する「外部リスクマネジャー」であるべきでしょう。そう考えると、このリスクマネジメントプロセスの実践を支援し、コーディネーターとしてリスクマネジメントの PDCA サイクルを回していくことが、新たな付加価値に繋がり、それによって保険提案の品質もお客様の保険活用の有効性も大きく改善できると考えられます。

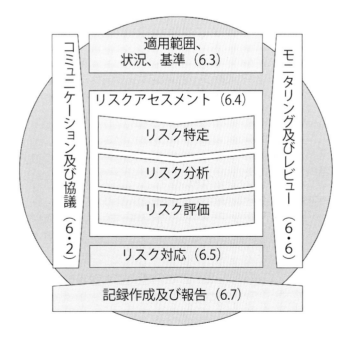

リスクマネジメントプロセス

- コミュニケーション及び協議（6.2）
- 適用範囲、状況、基準（6.3）
- リスクアセスメント（6.4）
  - リスク特定
  - リスク分析
  - リスク評価
- リスク対応（6.5）
- モニタリング及びレビュー（6.6）
- 記録作成及び報告（6.7）

⑰ コミュニケーション及び協議

　ここでは「プロセス【6】」の最初の手順である「コミュニケーション及び協議【6.2】」について説明させて頂きます。「コミュニケーション及び協議」はISO31000（2009）では「リスクの運用管理について、情報の提供、共有又は取得、及びステークホルダーとの対話を行うために、組織が継続的に及び繰り返し行うプロセス」と定義され、「情報」には、リスクの存在、特質、形態、起こりやすさ、重大性、評価、受容可能性、対応又はその他の運用管理の側面に関係することが含まれるとされています。

　コミュニケーション及び協議はリスクマネジメントプロセスの全ての段階で実施することが望ましく、リスク管理責任者やステークホルダーが意思決定の根拠や対策の必要性を理解できるように、計画的に実施することが求められています。

１．コミュニケーション及び協議の必要性

（１）リスク認知の違い

　　ステークホルダーは自らの認知に基づいてリスクに対する判断を下しますが、その認知はステークホルダーの価値観、ニーズ、前提、概念及び関心事の差異によって異なります。それらの認知のギャップは意思決定に大きな影響を与えるため、適切なコミュニケーション及び協議を通してステークホルダーの認知を把握し、意思決定のプロセスの中で考慮する必要があります。

（２）認知ギャップを生み出す要素

　　リスクは未来に起こることであるため、その認知は個々人の想像力、リスク顕在化のイメージ（場所や時間や被害状況）、以下のような心理面との関係で全く異なったものになります。
・過去に発生したリスクの記憶、リスクやその結果の想像しやすさに影響を受ける。
・小さいリスクを過大評価し、大きいリスクを過小評価しやすい
・起きない可能性もあるため、都合の良い解釈をしやすい
・自分の知識や記憶、固定概念や価値観に大きく影響を受ける
・影響が限定的で馴染みがあるリスク（自動車事故等）及び自然発生的なリスクは過小評価をする傾向がある。

（３）認知ギャップの弊害

　　組織内でリスクマネジメントの意思決定を行う場合において、ある特定のリスクについて「小さくて起こらない」と認識している人と「大規模で起きやすい」と認識している人がいると統一された意思決定には繋がりません。

　　また、外部のステークホルダーのリスクに対する認知もニーズや関心事によって異なります。消費者の関心事は安全性や利便性や価格、株主は利益、従業員は処遇となりますし、特定のリスクが顕在化した場合に受ける影響もステークホルダーによって異なるため、それぞれのステークホルダーのリスク認識を考慮して意思決定をする必要があります。

２．コミュニケーション及び協議の進め方

　「コミュニケーション及び協議」は上記の認知ギャップを埋めるために行うのですが、基本的には「枠組み」で構築した「コミュニケーション及び協議の確立」をしっかりと活用し、社外とのコミュニケーションから得られた情報及び社内から上げられたリスク情報に基づいて協議がなされて最終的な意思決定をすることが求められています。具体的には、リスク自体や、その発生原因やリスクの影響及び対策に関わる情報を共有すると共に、リスクマネジャー等が様々な情報に基づいてリスクマネジメントに関する意思決定を行い、働く社員がリスク対策の必要性を理解し、納得感を持って取り組むことが重要となります。

・協議チームの活用

　コミュニケーションは、意思決定に先立ってステークホルダーとの間で行われる双方向の情報共有ですが、協議は一つの決断を行うためのプロセスであり、組織内で行われる協議は、各部門のリスク管理責任者で構成され、各部門を統轄するリスクマネジャーが議長となる協議チームを中心に行うのが一般的です。メンバーがそれぞれの現場の情報を持ち寄り、外部ステークホルダーの声等も反映しながら協議を行い、リスクマネジメントプロセスを実践していきます。

　具体的には、ステークホルダーとのコミュニケーションの仕組みの中で収集された情報を協議チーム内で協議することによって、組織の内部及び外部の環境を適切に把握すると共に、組織内外のステークホルダーの関心事やリスクの認知を理解することが可能になります。そして、それらの認知を共有し、異なった領域の知識を持ち寄り、リスク基準を定め、異なった見解を考慮することで、適切なリスクアセスメントを実施し、そのアセスメント結果に基づいて適切にリスクに対応することや突然のリスクの変化等に対応することが可能になります。そして、これらの適切な運用を可能にするために、しっかりとした計画を策定することも協議チームに求められています。

保険代理店の役割

　保険が対象とするリスクは、組織に致命的な損失を与える経験値の少ないリスクが多いため、リスクの起こりやすさや損失の大きさを予測することが難しく、認知ギャップが発生しやすいと考えられます。そのため、リスクを過小評価したり、自分の会社は大丈夫だと都合の良い解釈をしている経営者も多いと考えられます。保険代理店もステークホルダーの立場から、リスクに対する異なる認知を持った経営者の方々との適切なコミュニケーション及び協議を通して、経営者のリスクに対する考え方や価値観を理解することが非常に重要です。理由は、経営者との間にリスクに対する認知ギャップを抱えたままでは、保険の必要性について認識を共有できず、提案内容に納得して頂くのが難しいからです。様々な情報（財務情報やリスク情報）を共有することによって、経営者との間のリスクに対する認知ギャップを修正し、意思決定を共有することから真の最適提案は導かれると考えられます。

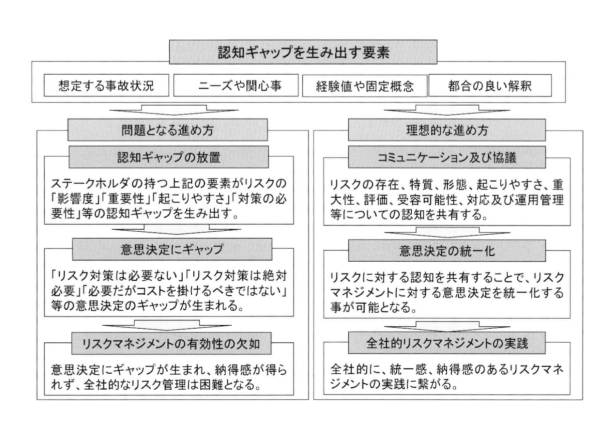

1．一般【6.3.1】

適応範囲、状況及び基準を確定する意義は、リスクマネジメントプロセスを組織に合わせ、効果的なリスクアセスメント及び適切なリスク対応を可能にすることです。適用範囲、状況及び基準は、プロセスの適用範囲を定め、外部及び内部の状況を理解することを含みます。

ISO3100（2009）では「組織の状況の確定」とされていましたが、その内容は「リスクの運用管理において考慮することが望ましい外部及び内部の要因を規定し、リスクマネジメント方針に従って適用範囲及びリスク基準を設定すること」とされていました。つまり、リスクの存在や影響度は組織の内部状況や外部状況に大きな影響を受け、それによってリスクマネジメントの基準や対策が大きく変わってきます。そのため、具体的なリスクアセスメントに入る前に、その前提となる組織の状況を確定させる必要があります。組織の状況を確定させることは組織の目的を特定し、目的達成に影響を与える外部及び内部の要因を把握してリスクマネジメントの計画やリスク基準を設定するために必要不可欠です。

2．適用範囲の決定【6.3.2】

「適用範囲の決定」とは、組織の内部及び外部の状況や組織及び組織の目的達成に影響を与えるリスクに対して適切なリスクマネジメント活動を実践するために考慮すべき要素や決めておくべき事項を規定しておくことです。

組織は、リスクマネジメント活動をどのような領域で、どのようなリスクに対して、どのような人や責任者が関わるか等、広い視点で適用範囲を決定する必要があります。

つまり、リスクマネジメントプロセスは、様々なレベル（例えば、戦略、業務活動、プログラム、プロジェクト又はその他の活動）で適用されるため、検討の対象となる適用範囲、検討の対象となる関連目的、並びにそれらと組織の目的との整合を明確にすることが重要です。

リスクマネジメント活動は組織全体の目的達成の手段であり、リスクマネジメントを徹底すること自体が目的ではありません。そのため、組織全体や各部門の目的や戦略等についてしっかり認識し、それらの達成を阻害するリスクに対してどの程度の資源（コスト）を費やすのが妥当かについて考慮しながら実施する必要があります。

リスクマネジメントが適切に実施されるためには、どれだけの資源が必要で、誰が責任と権限を有し、どのような記録を残していくべきなのかについても規定することが求められています。

3．取組み方を計画する際の検討事項

リスクマネジメントは実施の決定をすれば進むようなものではありません。計画通りに推進され、効果的・効率的に実施していくためには、組織内の状況を考慮し、目的やルールやスケジュールに基づいて、責任者や担当者を決定し、役割分担を行いながら進めていく必要があります。具体的な適用範囲は組織によって異なりますが、取組み方を計画する際には以下のような検討事項が含まれます。

・目的、及び下す必要のある決定

組織は、リスクマネジメントを行う目的を明確にし、社内において認識を共有することが重要です。また、リスクマネジメントは意思決定（決断）のプロセスであるため、リスクアセスメントではリスク特定で対象とするリスクを決定し、分析で影響度を決定し、リスク評価では優先順位を決定しますが、いつどのような意思決定を下す必要があるのかを規定することが重要です。

・プロセスにおいてとられる対策によって期待される結果

リスクマネジメントの実施にコストをかける以上、相応の価値を生み出す必要があります。そのため、具体的な目的や目標を掲げ、その達成度を見ながらPDCAを回し、効率性や有効性を改善していく必要があります。

・時間、場所、個々の包含及び除外

リスクマネジメントを実施するリスクの範囲を規定し、特定のリスクに対するリスクマネジメ

ント活動を全社的に取り組むのか？　特定の部署や人員にて行うのか？　実施すべき活動としない活動等を規定することが必要です。

　また、いつ、どこでリスクマネジメントの対象となる活動やプロセスが行われていて、リスクマネジメント活動をいつ、どこで実施するのか？　守るべき資産等はどの時点でどこに存在し、いつ、どこで対策を実施するのかを明確にする必要があります。

・適切なリスクマネジメントの手段及び手法

　同じリスクに対して、部署ごと、責任者ごとにリスクアセスメントの手段や方法が異なると、導き出す結果に整合性がなく、全社的なリスクマネジメントの結果を導けないため、リスク対策手法やリスクアセスメントの方法についても予め規定しておく必要があります。また、リスクマネジメントは実施して終わりではなく、計画に対しての実施状況（パフォーマンス）と目的や目標に対する効果や達成度（有効性）を確認して評価を行う必要があるため、評価の方法や基準を予め定めておくことが重要です。

・必要とされる資源、責任、及び残すべき記録

　リスクマネジメントを実施する上で必要となる調査やその目的、その調査に必要となる資源（コスト）等について規定することが必要です。また、リスクマネジメントプロセスの推進及び各部門や個々のリスク対策の実施に関わる責任者及び責任について明確化すると共に、どのような活動を行った結果、どのような成果があったのかなどの残すべき記録を明確化しておく必要があります。

・他のプロジェクト、プロセス及び活動との関係

　組織内の複数のプロジェクトやプロセス、活動との関連性を理解していなければ、リスクの連鎖やリスク対策が複数のプロジェクト等に有効に機能するケースが想定できず、適切なリスクマネジメント活動が難しくなります。

保険代理店の役割

　保険代理店はリスクに関わる専門家として、上記のような様々な適用範囲の決定を支援するコンサルティングを行うことが求められます。リスクマネジメントプロセスを実施していく上で予め確定しておくべき事項を経営者に理解して頂くと共に、それらを適切に考慮し、決定していくために必要な視点や考え方を伝えることによって、会社自体が適切に自社でリスクの特定や分析を行うことができるようになり、それが私たちの適正提案の基礎データとなります。適切な保険提案の前提となるリスク量やリスク対策の優先順位を導き出すためには、適用範囲を適切に確定することが必要不可欠であり、保険代理店はそのフォローをしっかり行うことで、よりレベルの高い提案が可能となります。

一般（6.3.1）

適応範囲、状況及び基準を確定する意義は、リスクマネジメントプロセスを組織に合わせ、効果的なリスクアセスメント及び適切なリスク対応を可能にすることである。適用範囲、状況及び基準は、プロセスの適用範囲を定め、外部及び内部の状況を理解することを含む。

適用範囲の決定（6.3.2）

組織は、リスクマネジメント活動の適用範囲を定めることが望ましい。
リスクマネジメントプロセスは、様々なレベル（例えば、戦略、業務活動、プログラム、プロジェクト又はその他の活動）で適用されるため、検討の対象となる適用範囲、検討の対象となる関連目的、並びにそれらと組織の目的との整合を明確にすることが重要である。
取組み方を計画する際の検討事項は、次を含む
・目的、及び下す必要のある決定
・プロセスにおいてとられる対策によって期待される結末
・時間、場所、個々の包含及び除外
・適切なリスクマネジメントの手段及び手法
・必要とされる資源、責任、及び残すべき記録
・他のプロジェクト、プロセス及び活動との関係

⑲ 適用範囲、状況及び基準② 外部及び内部の状況

１．外部及び内部の状況について

ISO31000（2018）の「外部及び内部の状況【6.3.3】」は第７章における「組織及び組織状況の理解【5.4.1】」において挙げている検証事項も含みますが、ここでは適切なリスクアセスメントを実施するために、更に詳細に外部及び内部の状況を把握し、考慮することが必要とされています。

２．外部状況

外部状況とは、組織の目的を達成しようとする状態を取巻く外部環境であり、外部ステークホルダーの目的や関心事を考慮してリスク基準を決定するために確定することが必要となります。外部環境とは組織全体の状況に基づくものですが、法律及び規制の要求事項やステークホルダーの認知、対応が必要となるリスクに特有な事情などを含みます。具体的に考慮すべき外部状況は以下の通りです（詳しい説明は「７章・組織及び組織状況の理解【5.4.1】」を参照下さい）。

- ・国際、国内、地方又は近隣地域を問わず、社会、文化、政治、法律、規制、金融、技術、経済及び環境に関する要因
- ・組織の目的に影響を与える鍵となる原動力及び傾向
- ・外部ステークホルダーとの関係、並びに外部ステークホルダーの認知、価値観、必要性及び期待
- ・ネットワークの複雑さ、及び依存関係

３．内部状況

内部状況とは組織の目的を達成しようとする状態を取り巻く内部環境であり、組織がリスクを運用管理する方法に影響を及ぼすことがある組織内の全てを意味します。リスクマネジメントプロセスは組織の文化、プロセス、体制及び戦略と整合していることが望ましく、内部状況は、リスクマネジメントを組織の目的に沿って実施し、特定のプロジェクト、プロセス又は活動に関する目的及び基準を組織全体の目的に合わせて考慮するために必要となります。また、内部状況は事業目的やプロジェクト目的を達成する機会を認識することに繋がり、それが組織のコミットメントや信頼及び価値等を高めることに繋がります。具体的に考慮すべき内部状況は以下の通りです（詳しい説明は７章「組織及び組織状況の理解【5.4.1】」を参照下さい）。

- ・ビジョン、使命及び価値観
- ・統治、組織体制、役割及びアカウンタビリティ
- ・戦略、目的及び方針
- ・組織の文化
- ・組織が採用する規格、指針及びモデル
- ・資源及び知識として把握される能力（例えば、資本、時間、人員、知的財産、プロセス、システム、技術）
- ・データ、情報システム及び情報の流れ
- ・内部ステークホルダーの認知及び価値観を考慮に入れた、内部ステークホルダーとの関係
- ・契約上の関係及びコミットメント
- ・相互依存及び相互関連

４．具体的取組み

組織を取巻く外部及び内部の環境を把握するためには、以下のような手法があります。

（１）SWOT分析（「図」参照）

組織の内部に存在する強み（Strengths）及び弱み（Weaknesses）と、組織の外部に存在する機会（Opportunities）や脅威（Threats）を把握することによって経営戦略の構築に役立てるための手法です。

（２）ステークホルダー分析

ステークホルダーは、ISO31000（2018）では、「ある決定事項もしくは活動に影響を与え得るか、その影響を受け得るか又はその影響を受けると認識している、個人又は組織」と定義付けられ、「利害関係者」と言われることがあります。

ステークホルダーをどのように捉えるかは、その組織のマネジメントの在り方に大きな影響を与え、ステークホルダーの設定を誤ると、組織経営に必要なリスクを見落とすことにもなるので、自組織のリスクを多様な視点で検討する上でも、ステークホルダーを広く捉えることが求められます。

内部及び外部のステークホルダーの認知や価値観を知るためには、まずはステークホルダーを

特定した上でコミュニケーションの仕組みを活用することが求められます。ISO26000 ではステークホルダーを特定するために次の自問をすることを推奨しています。

・法的義務のある者や影響を受ける可能性のある者は誰か
・懸念を表明する可能性のある者は誰か
・同様の課題について、過去にステークホルダーであった者は誰か
・特定課題の対処にあたって、援助してくれる可能性のある者は誰か
・会社の責任を遂行する能力に影響を与える者は誰か
・エンゲージメントから除外した場合に、会社にとって不利になる者は誰か
・バリューチェーンに何らかの影響を生じさせる者は誰か

保険代理店の役割

　保険代理店がお客様の抱えるリスクをしっかりと把握し適正提案を実施するためには、その会社を取り巻く外部及び内部の状況を把握することが大前提となります。上記の「SWOT 分析」や「ステークホルダー分析」を活用して外部及び内部の状況を把握するプロセスを経営者と一緒になって行うことがお客様を深く理解し、経営者との信頼関係を強くすることに繋がると共に、第17章にある経営者とリスクに対する認知を共有することにも繋がってきます。

　保険代理店が継続的に適切な保険提案を実現していくためには、保険商品や保険料の変化のみならず、お客様の外部及び内部の状況の変化を把握し、保険の必要性や優先順位をしっかりと再検討することが求められるでしょう。

外部及び内部の状況（6.3.3）

外部及び内部の状況とは、組織が自らの目的を定め、その目的を達成しようとする状態を取り巻く環境である。
リスクマネジメントプロセスの状況は、組織が業務活動を行う外部及び内部の環境の理解から確定されることが望ましい。また、リスクマネジメントプロセスが適用される活動の個々の環境を反映することが望ましい。
状況の理解は、次に示す理由で重要である。
・リスクマネジメントは組織の目的及び活動に沿って実施される
・組織要因がリスク源になることがある
・リスクマネジメントプロセスの意義及び範囲が、組織全体の目的と相互に関係していることがある。
・組織は、5.4.1に挙げた要因を考慮することによってリスクマネジメントプロセスの外部及び内部の状況を確立することが望ましい。

引用：対訳ISO31000：2009　リスクマネジメントの国際規格　日本規格協会編

SWOT分析

SWOT分析とは、目標を達成するための意思決定に必要な情報を提供する戦略計画ツールの一つですが、外的要因として地震や台風等の突発的に発生し得る変化を脅威と捉えたり、ガバナンス体制の脆弱性等を内的な弱みと捉える事でリスクマネジメント戦略を決定する上でも役立ちます。

強み（Strengths）	資源（設備・財務・立地・知的財産）、顧客サービス、効率性、ブランド、価格、競争上の優位、輸送時間、インフラ、経営管理、コスト、企業倫理等
弱み（Weaknesses）	
機会（Opportunities）	政治・法令、市場トレンド、経済状況、技術革新、顧客ニーズの変化、金利・株価の変動、業界の変化、サービスの陳腐化、新しいサービス等
脅威（Threats）	

内的要因	Strengths（強み）	Weaknesses（弱み）
外的要因	Opportunities（機会）	Threats（脅威）

1．リスク基準の決定【6.3.4】

　「リスク基準の決定」とは、リスクの重大性を評価するための目安とする条件を決定することです。リスク基準はリスクの重大性や影響度を判定するための基準ですが、組織運営に合理的な判断基準である必要があります。そのため、組織の価値観・目的及び資源、並びに外部状況及び内部状況に基づく必要があり、基準の中には規格・法律及び規制の要求事項や組織が合意するその他の要求事項から導き出されることがあります。また、経営者の価値観によって組織の認識するリスクも違ってきますし、リスク許容量によってリスク対策に投下できる資源も異なるため、画一的なリスク基準は存在しないと考えられます。リスク基準は、リスクアセスメントプロセスの開始時に確定することが望ましいですが、リスク基準は変化するため、継続的にレビューを行い、必要に応じて修正することが必要です。

2．リスク基準の必要性

　全社的なリスクマネジメントを推進していくためには、どのリスクがどの程度の影響を与えるのかについて全社共通の物差しを持つ必要があります。そうでなければ統一された全社的なリスク量として認識できないからです。しかし、実際にはリスクごとに「起こりやすさ」や「結果」のリスク基準は異なることも多く、リスクを分析・評価するためには複数のリスク基準からそのリスクにあったものを選択する必要があります。一般的には財務諸表等を基軸とした定量的基準と「人的損失」や「経験値」等の定性的な基準を決定し、それらの複数のリスク基準に基づいてリスク分析やリスク評価を実施することになります。（図1参照）

3．リスクマトリクスとリスクレベル

　一般的にリスクアセスメントをするにあたっては、リスク基準に基づいてリスクを特定・分析し、分析結果に基づいてリスクをリスク基準に基づいたリスクマトリクスにプロットします。プロットされた位置によってリスクレベルを確定し、リスクの影響度や優先順位による重要度に基づいて、対策の必要性や方向性、責任者を決定することになります。（図2参照）

4．考慮すべき要素

　リスク基準には「起こりやすさ」の基準と「結果」の基準がありますが、それらの基準を定める上で考慮すべき要素は以下の通りです。リスク基準には大きく定量的基準と定性的基準等がありますが、リスクごとに異なるためリスクに応じて複数の基準を使い分ける必要性があります。

・結末及び目的（有形及び無形の両方）に影響を与える不確かさの特質及び種類

　　どのような原因よってどのような結果が発生するのか？　その結果の特質や種類にはどのようなものがあり、それらをどのように測定するのかを明確にします。

　　一つの事象の結末には、財物や人材、売上やブランド、様々なステークホルダー等への影響が考えられますし、それらは天災や事故、外部及び内部の環境変化や社内の不正やヒューマンエラー等様々な要因によって発生する可能性があります。

・結果（好ましい結果及び好ましくない結果の両方）及び起こりやすさをどのように定め、また、測定するか

　　具体的な結果の基準には定量的な基準のみではなく定性的な基準である「パブリック性」や「人的損失」等を取り入れ、基準に応じた測定基準を設けて測定を行います。また、起こりやすさの基準についても定量的な基準を用いて発生サイクルや発生件数、発生頻度等で測定するケースに加えて「可能性」や「経験値」等の定性的な基準を用いて実施する場合があり、基準に応じた測定基準を設けます。

　　ステークホルダーへの影響度についてはステークホルダーの企業に対する期待値や要求事項によって大きく変わってくるため、ステークホルダーとのコミュニケーションに基づいたリスク基準を検討することが求められます。（図1参照）

・時間に関連する要素

　　リスクアセスメントを行う時間枠としてはゴーイングコンサーンを前提として特別な時間的区切りを持たないケースもあれば、目的によっては特定のプロジェクト期間で時間枠を設定したり、中・長期の経営計

画の期間に応じて時間枠を設定するケースもあります。（図1-①「起こりやすさ」を参照）

・測定法の一貫性

　部署や責任者よって、リスク基準や測定法が異なってしまうと、全社的にリスクの影響を把握し、一貫性のある対策や効果を発揮することができなくなります。リスク基準は外部及び内部の状況によって変動すべきものなので、それに応じて測定法も変わることはありますが、社内における一貫性を持つ必要があります。

・リスクレベルをどのように決定するか

　「リスクレベル」とは「結果」と「起こりやすさ」との組み合わせとして表されるリスク又は組み合わされたリスクの大きさを言います。リスクレベルについても特別な決まりがある訳ではありませんが、一般的にはリスクマトリクス上のリスクのプロット位置によって判定することが多いと考えられます。（図2-①・②）

・複数リスクの組み合わせ及び順序をどのように考慮に入れるか

　一つの事象は様々な異なる目的やステークホルダー、経営資源に対して異なる大きさの影響を及ぼすことがあり、それらを考慮した上でリスク基準を決定する必要があります。また、リスクは様々な損失に連鎖・派生していくため、最悪を想定し、どこまでの損失をリスク分析の対象として含めるのかが重要です。

・組織の能力

　リスク基準に決定に当たっては、その組織がどれだけリスクを許容（受容）できるかという「リスク許容度」を考慮する必要があります。また、企業の戦略や経営計画等によってリスク選好度も変わってきます。つまり、企業の財務力などによってリスク許容度は異なりますし、将来のリターンの想定や予算によってリスク選好度も変わりますが、一般的に、業務リスクを想定する場合は、企業の財務力を基準として許容（受容）可能額を設定するケースが多いと考えられます。事例の場合は財務諸表の利益や純資産を基準にしています。（図1-①参照）

保険代理店の役割

　保険代理店はお客様が適切なリスクアセスメントを実施できるように、リスク基準の策定を支援することが重要です。リスク基準が曖昧だと適切なリスクアセスメントができませんし、それは重要性の判断や保険選択の誤りに繋がる可能性もあります。リスク基準を定めるということは財務的な基準を決めることでもあり、財務リスク移転手法である保険提案に必要不可欠な情報を提供してくれます。

リスク基準の決定（例）

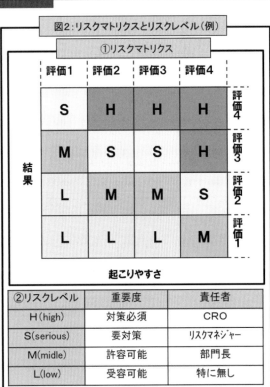

21 リスクアセスメント① リスクの構成要素

1．一般【6.4.1】

「リスクアセスメント【6.4】」とは、リスク特定、リスク分析、及びリスク評価を網羅するプロセス全体を指します。リスクアセスメントは、ステークホルダーの知識及び見解を活用し、体系的、反復的、協力的に行われることが望ましく、必要に応じて、追加的な調査で補完し、利用可能な最善の情報を使用することが求められます。

ISO31000 においてはリスクアセスメントに関する詳細な記述が少ないため、リスクアセスメント技法に関する規格である JIS Q 31010：2012 を参考にしながら解説させて頂きます。

2．リスクアセスメントの概要

リスクアセスメントは、経営者やリスク管理責任者等に組織の目的達成を阻害する恐れのあるリスクや既に実施しているリスク対策の適性や有効性についての情報を提供すると共に、最適なリスク対応に関する意思決定の情報を提供します。

具体的には、リスク、その原因、結果、及びその起こりやすさに関する情報を提供することで、リスクに対応する必要性の有無やリスク対応の優先順位の決定に関する意思決定を支援します。

3．リスクアセスメントの実施

リスクは広範囲の原因及び結果に関わるため、リスクアセスメントは複数の異なる領域にまたがる学際的アプローチを必要とすることがあります。また、リスクは組織や部門、プロジェクト、個々の活動又は具体的なリスク別にアセスメントを実施することも可能であり、状況の違いによっては異なるツールや技法を適用することがありますが、リスクアセスメントの実施者は次の点について熟知していることが求められます。

- ・当該組織の状況及び目的
- ・許容できるリスクの範囲及び種類、並びに許容できないリスクへの対処
- ・組織のプロセスへのリスクアセスメントの統合
- ・リスクアセスメントに用いる方法及び技法、並びに、それらのリスクマネジメントプロセスへの寄与
- ・リスクアセスメントを実施するためのアカウンタビリティ、責任及び権限
- ・リスクアセスメントの実施に使用可能な資源
- ・リスクアセスメントの報告及びレビュー

4．リスクの構成要素について

リスクアセスメントを実施するに当たり、最初に把握しておかなければならないのは、リスクの構成要素であり、それが理解できていなければ適切なリスクアセスメントを実施することはできませんし、具体的なリスク対応を検討することもできません。

リスクの構成要素は用語の定義で解説したものもありますが、改めて簡単に説明すると以下の通りです。（図を参照）

① リスク源

現存している将来にリスクを生じさせる要素であり、有形の場合も無形の場合もあります。リスク源には「起こりやすさに影響を与えるリスク源」、「結果に影響を与えるリスク源」、「両方へ影響を与えるリスク源」があり、リスク源の種類や数の把握によって「起こりやすさ」や「結果」の分析が可能となるだけでなく、リスク対策の検討にも繋がります。

② 原因

事象を生じさせる直接的な要素であり、原因と事象は一体となって発生することが多く、基本的に原因は未来に発生しますが、現在のリスク源が反復継続することで原因になることもあります。

③ 事象

ある一連の周辺状況の出現又は変化であり、事件、事故、事態のことを指します。また、事象は発生が複数回であることや原因を複数持つこともあり、何かが起こらないことも含みます。結果に至らない事象は「ニアミス」「ヒヤリハット」又は「間一髪」と呼ばれることがあります。

④ 影響領域

事象が影響を与える範囲のことを言い、企業の様々な経営資源（財務力、組織力、ノウハウ等）や資

産（物的資産、金融資産、ブランド等）、会社を取り巻くステークホルダー（消費者、従業員、取引先、株主等）等が含まれます。

⑤ 結果

目的に影響を与える事象の結末のことを言い、一つの事象が様々な結果に繋がることや初期の結果が連鎖によって段階的に増大することがあるので注意が必要です。また、結果は確かなことも不確かなこともあり、目的に対して好ましい影響又は好ましくない影響を与えることもあり、その大きさは定性的にも定量的にも表現されることがあります。

⑥ 損失

事象の発生や事象の結果として生じる損失であり、財務損失のみならず財物損失、人的損失、逸失利益、費用損失、信用損失等のように様々な形態で、複数の損失に連鎖する可能性があります。

5．リスクシナリオの作成（損失発生メカニズムの理解）（図参照）

リスクとは未来に発生するものであり、顕在化していないリスクのアセスメントを実施するには、上記のリスクの構成要素に基づいてリスクシナリオを描き、損失発生のメカニズムを理解して未来に起きることやその原因を想定することが大切です。具体的には、まず現在に存在する「リスク源」があり、その「リスク源」から「原因」を伴って「事象」が発生し、「事象」が企業の「影響領域」に影響を与えることで「結果」が生じ、それが損失に繋がるというメカニズムです。

中でも重要な要素として「リスク源」がありますが、「リスク源」の有無及び種類、数によって「事象」や「結果」の「起こりやすさ」や「結果」の大きさが決まります。中小企業におけるリスクアセスメントにおいては、今あるリスク源を認識することが適切なリスクアセスメントやリスク対応に繋がると考えられます。

保険代理店の役割

保険代理店が保険提案を行う上でまず必要な情報は、本当に保険が必要なリスクか否かですが、その情報を提供するのがリスクアセスメントであり、その大前提がリスクの構成要素をしっかりと理解することです。リスクごとにリスクの構成要素を理解することで、保険の必要性の理解が深まるだけではなく、保険以外のリスク対策の提案や、様々に派生する損失に対する幅広く、奥深い提案も可能になります。一つのリスクに関して深く掘り下げて分析をする機会は少ないかと思いますが、リスクの構成要素を理解し、経営者としっかり個々のリスクについての話ができることが、これからの保険代理店には求められるでしょう。

リスクの構成要素

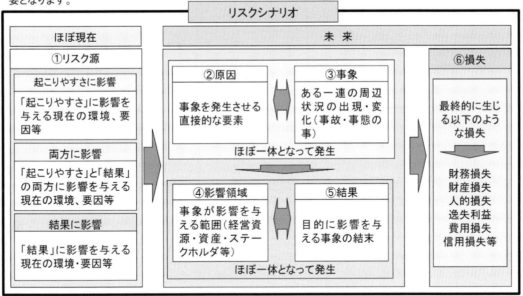

リスクの構成要素を洗い出して具体的なリスクシナリオを描き、損失発生のメカニズムを把握することが重要です。このシナリオ毎に「起こりやすさ」や「結果」が異なるため、リスクアセスメントには具体的なシナリオ想定が必要となります。

㉒ リスクアセスメント② リスクシナリオの事例

1．リスクシナリオの事例

　この章ではリスクの構成要素の理解を深めるために、事例としてリスクシナリオを描いてみたいと思います。リスクシナリオは事象に何を入れるかによって、想定が難しかったり、比較的簡単にできる場合もあったりしますが、ここでは保険でカバーができる企業の代表的なリスクである「火災（工場）」を念頭において話を進めていきたいと思います。なお、リスクシナリオに画一的な正解はないので、あくまでも一つの想定事例ということでご理解頂ければ幸いです。

2．火災（工場）のシナリオ分析

　火災（工場）は一般的に「起こりやすさ」は低く、「結果」は大きいリスクと考えられていますが、リスクシナリオを描いてリスクの構成要素を見ていくことによってよりその会社の実態を反映したリスク量を認識することになり、保険の必要性や具体的な対策を検討する上でも役立ちます。また、結果から生じるロス（損失）を具体的な損失額として把握することで、補償内容や保険金額の適切な設定も可能になります。（図参照）

【事　　象】火災（工場）

【原　　因】火災の原因は様々ですが、ここでは外部の原因（延焼、放火等）と内部の原因（漏電や爆発、たばこの不始末等）及び天災（落雷や地震等）を挙げています。

【影響領域】火災の影響領域は幅広いですが、この事例では社内の経営資源（工場建物や設備、商品・半製品や従業員等）のみならず、ステークホルダー（取引先や消費者、近隣住民等）への影響を考慮しています。

【結　　果】結果には事象の結末が入りますが、財物（工場建物、設備什器、商品等）の焼失は、同時に生産停止をもたらし、非常に大きな損失に繋がります。また、従業員については労働災害に繋がったり、安全配慮義務違反として使用者賠償責任を負うケースが考えられます。また、取引先や消費者、近隣住民といった大切なステークホルダーへも不法行為や債務不履行といった形で損害を与えてしまう可能性があるでしょう。

【損　　失】事象や結果が生じたことによる損失ですが、実際には定量的な把握が難しい場合もあるため、定性的な影響（ブランドの毀損や第3者の死傷等）も考慮することが必要です。

【リスク源】ここでは、リスク源をリスク分析やリスク対応の検討に繋げやすくするために、「起こりやすさ」「結果」「両方」という形でリスク源が影響を与える対象に区分して想定しています。

・起こりやすさ：警備状況や競合との関係性は放火に関連し、建物の老朽化やメンテナンス不足は漏電に、教育・訓練不足や火気の使用状況（喫煙管理等）や防火体制は爆発やたばこの不始末、避雷針や感震ブレーカーの未設置は、落雷や地震による起こりやすさに影響を与えます。

・結　　果：財物の焼失（建物・設備・商品等）は消火体制や建物の構造・大きさ、設備・商品の量及びスプリンクラーや防火壁等の有無に影響を受け、従業員の労働災害や使用者責任は従業員数や避難経路の有無、避難訓練の実施状況等に影響を受けると思われます。また、生産停止や取引停止・販売量減少の影響は特定顧客への依存度やBCPの有無、近隣住民への賠償責任は有害物質の有無が影響すると想定されます。

・両　　方：「結果」と「起こりやすさ」の両方に影響を与えるリスク源としては、建物の立地（延焼の有無や有害物質拡散の可能性等）、工場の稼働状況（稼働率が高いほどリスクが見えにくくなり、生産性に与える影響が大きい）、可燃物・爆発物の有無等が考えられます。

46

３．シナリオ作成の留意点

　リスクシナリオの作成は、リスク分析の精度を高め、具体的なリスク対策の検討に繋がる非常に重要なプロセスですが、未来に起こるリスクについてその原因及び影響を想定するのは簡単なことではありません。ここでは、そのリスクシナリオを検討する上での留意事項について説明致します。

　　　　１）検討手順：時系列で考えると、現状に存在するリスク源から考えることになりますが、一般的には「事象」から検討することが多いと思われます。しかし、現状のリスク源から事象を想定したり、結果からそれを引き起こす事象を想定するといった多面的な見方も必要なので注意が必要です。

　　　　２）事象選定：何を「事象」として捉えるかでリスクシナリオは大きく変わります。たとえば事象に「労災」と入れるか「精神疾患」と入れるかによってシナリオは大きく変わります。一般的には大きすぎると具体性に欠け、細かすぎると重箱の隅を突く形になるため、リスクごとに検討することが重要です。

　　　　３）リスク源：リスク源には複数の原因や事象、結果に影響を与えるものもあるので注意が必要です。「起こりやすさ」「結果」「両方」の区分けが難しい場合もありますが、リスク源によってリスク分析の精度が変わってきますし、リスク源の区分や優先順位付けは効果的なリスク対策にも繋がると考えられます。

保険代理店の役割

　保険代理店はお客様のリスクについてどこまで深く理解をしているでしょうか？　経営者と一緒にリスクに向き合っていくためには、手段としての保険提案だけではなく、リスクシナリオを描いて原因やリスク源について理解を深め、「本当に起きる可能性はあるのか？」「起きた場合の損失の広がりはどの程度なのか？」について認識を深め、共有しておく必要があると思います。企業を守るためには起きてしまった後ではなく、そもそも起きないために何ができるのか？　起きた時の損失を最小限に抑えるためには何が必要かと考えることが大切であり、それらはリスクマネジメントや経営の視点から考えると保険検討よりも優先順位が高い取組みと考えられます。うわべの情報で安易に保険を提案するのではなく、リスクに関する正しい情報と理解に基づいた提案を心掛けるべきでしょう。

図：火災（工場）のリスクシナリオ（例）

１．リスク特定【6.4.2】

　リスク特定の意義は、組織の目的の達成を助ける又は妨害する可能性のあるリスクを発見し、認識し、記述することですが、リスクの特定に当たっては、現況に即した、適切で最新の情報が重要となります。

２．リスク特定の要素

　組織は、一つ以上の目的に影響するかもしれない不確かさ（リスク）を特定するために、様々な手法を使用できますが、次の要素、及びこれらの要素間の関係を考慮することが望ましいとされています。

- ・有形及び無形のリスク源
- ・脅威及び機会
- ・外部及び内部の状況の変化
- ・資産及び組織の資源の性質及び価値
- ・知識の限界及び情報の信頼性
- ・関与する人の先入観、前提及び信条

- ・原因及び事象
- ・脆弱性及び能力
- ・新たに発生するリスクの指標
- ・結果及び結果が目的に与える影響
- ・時間に関連する要素

　しかし、実際には最初から一つひとつのリスクについて上記の要素をすべて考慮してシナリオを描くのは困難であるため、「事象」を中心に特定を行うのが一般的であり、上記の要素を考慮しながら、できる限り漏れが無いように包括的に様々な事象を特定することが必要です。なぜならば、この段階で特定されなかったリスクは、その後の分析対象からは外れてしまうからです。しかし、リスクは未来に起こることであり、未来は不確実性に溢れているため、その範囲は非常に広範囲であり、漏れなく特定するのは非常に難しいのも事実です。特に、プラス面マイナス面の両面を持つ戦略的リスク（意思決定に関するリスク）やリスクを取って機会を追求しないことに伴うリスク、様々な将来の環境変化等のリスクは特定することが困難なケースが多いと考えられます。

　最終的なリスク特定のねらいは、組織の目的の達成を助ける又は妨害する可能性のあるリスクを発見し、認識し、記述することですが、実務上においては上記の困難性を考慮して、目的達成を妨害する可能性のあるリスクに焦点を当ててリスク特定を行うケースも多いと思われます。

３．特定の留意点

　上記のようにリスク特定の範囲は非常に広いため、「適用範囲、状況及び基準【6.3】」においてリスクの定義を明確にしておくことも重要です。例えばリスク源が組織の管理下になく、リスク源又はリスクの原因が不明であるため、対応が難しいリスクであっても、特定することが望ましいとされています。具体的には経営環境の変化や法律改定や取引先の倒産等のように組織の管理下にないものや、地震や台風等の天災の発生のように具体的なリスク源や原因が明らかでないものも含みます。

　また、リスク特定には、波及効果及び累積効果を含めた、特定の結果の連鎖を注意深く検討することが望ましいとされています。具体的には、爆発によって火災が発生した場合、結果としての建物や設備の財産損失のみならず、労災事故になるケースや、売上減少や周辺地域への賠償責任に繋がることも想定しなければなりません。その場合、火災だけではなく、爆発や労災事故も事象として考えることが可能であり、一つの事象は複数の結果や他の事象に連鎖することがあることを理解しなければなりません。また、少額の損害であったとしても複数回発生した場合には累計の損失額が大きくなることも考えられますし、深刻な不祥事が立て続けに発生した場合には信用損失が増幅することなどを想定して事象を検討する必要があります。

　更に、リスクの特定については、その対応を同時に考えることも多く、自分が管轄で対応できるリスクに限定し、自分で対応できないリスクを排除する傾向があり、現状で対応できる影響レベルに止めて、対応ができない影響について検討しないケースもあります。しかし、リスクへの対応が可能なことと、リスクが存在するということは関係がないため、リスク低減等の対応が難しいリスクについても特定しておくことが必要です。

４．特定の手段

　リスク特定の手段は様々ですが、組織は自らの目的及び能力並びに組織が直面するリスクに見合ったリスク特定の手段を適用することが必要です。具体的には組織の目的を阻害する要因としてリスクを認識する手段を採用すべきであり、どのような手段が最も自社の個々人の能力や組織力及び財務力に見合っているかを判断して適用する必要があります。また、適切なリスク特定の手段はリスクごとにも異なるため、組織ごとに目的達成のプロセスで直面するリスクに応じて適切な手段でリスクを特定することが求められます。

　なお、リスクを特定するときは、現況に即した最新の情報が重要であり、可能な場合には、適切な背景情報も含めることが望ましいとされています。なぜならばリスクは絶えず変動しているからであり、発生する時間や場所、経営環境等の背景によってリスク自体が異なるからです。上記のように、リスク特定は非常に大切なプロセスでありながらも、非常に幅広く、様々な局面を想定する必要があることから、適切な知識を持つ人員を参画させることが必要となります。

保険代理店の役割

　保険代理店は一つのリスクに一つの保険という部分最適のシンプルなマッチングではなく、経営に保険を活かすために、その企業を取り巻くリスクの全体像を把握し、全体最適を提案する必要があり、そのために、リスク特定のプロセスにおいて重要なリスクを漏れなく把握することが重要です。保険代理店はリスクの専門家として、様々な視点からアプローチすることでお客様のリスク特定を支援することが求められます。特に、過去に発生したことが無いリスクや派生的に発生する損失、環境変化や戦略的なリスクについては経営者が見落としがちなリスクとして考えられます。お客様を守るという視点で考えるのであれば、当然のことではありますが、保険ではカバーできないリスクも含めてリスク特定を支援することが重要です。

リスク特定の概要

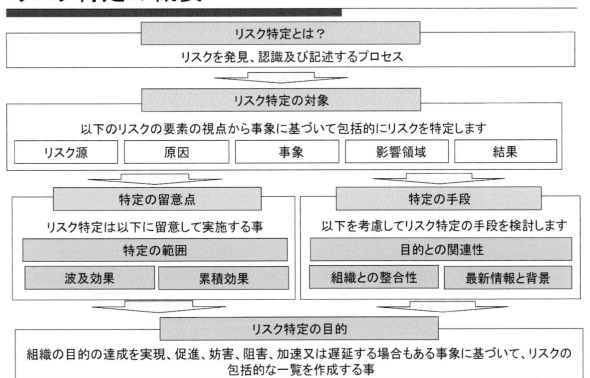

1．リスク特定手法について

　ここではリスク特定の手法について「JISQ31010:2012（リスクアセスメント技法）」を参考にしながら解説させて頂きます。リスク特定は前章でも説明しましたが、リスクを発見、確認、及び記録するプロセスであり、JISQ31010 ではリスク特定の方法として、以下のような方法が紹介されています。

- ・証拠に基づく方法：チェックリスト法、履歴データのレビュー
- ・系統的チームアプローチ：専門家のチームが、系統的プロセスに従って、一連の体系的なプロンプト又は質問によってリスクを特定する方法
- ・機能的推論法（ＨＡＺＯＰスタディーズ）

　さらにリスク特定の正確さや完全性を改善するための支援技法としては、ブレーンストーミングやデルファイ法を利用することも可能です。また、採用する技法の種類に関係なく、リスク特定の際には人的要因及び組織的要因に適切に配慮することが重要です。

2．リスク特定手法の解説

　ここでは、リスク特定手法の代表的な手法として簡易に実施できる「チェックリスト法」と事業環境の変化が及ぼすリスクを特定する「ＰＥＳＴ分析」、社内の業務プロセスに潜むリスクを特定する「ＨＡＺＯＰスタディーズ」の３つを紹介させて頂きます。

1）チェックリスト法

　チェックリスト法は文字通り、リスク特定をする際に参考となるリスクのリストを活用する方法ですが、その会社の過去のアセスメントの結果や過去の失敗の結果を反映したその会社の規模・特性に基づいたリストである必要があります。この手法は簡単にリスクの特定に利用できますが、そのメリット・デメリットは以下の通りです。

- ・メ リ ッ ト：リストの完成度が高ければ非常に使いやすく機能的なものとなり、専門的な知識が無くても採用でき、重要なリスクを見逃さないことを確実にします。
- ・デメリット：リスク特定における想像力を阻害することに繋がり、リストに無いリスクや新たに発生したリスクを特定できない可能性があります。また、簡便な方法であるため、安易な取組みとならないように注意が必要です。

　チェックリスト法は漏れが発生しないように、参考程度に活用することが望ましく、一定の基準に基づいて分類を行い、事業を行う組織や部署ごとに関連するリスクをリスト化することが望ましいと考えられます。

2）ＰＥＳＴ分析（図1）

　ISO31000 においては外部環境の情報整理の必要性が述べられています。現代社会におけるリスク特定は企業の内部の観察では十分ではなく、外部環境との関係性を考慮する必要があり、外部環境の状況と変化が事業にもたらす影響を考えることもリスク特定において非常に重要な視点です。ＰＥＳＴ分析は「Politics」「Economy」「Society」「Technology」の 4 つの視点から組織を取り巻く環境の変化を想定し、自社に影響を及ぼすリスクの特定を支援します。ＰＥＳＴ分析のメリット・デメリットは以下の通りです。

- ・メ リ ッ ト：事業を取り巻くマクロな環境を 4 つの視点から漏れなくかつ幅広く見ることが可能となり、現在及び将来の環境予測からリスクのみならずチャンスも特定されるため、戦略構築に活用することも可能です。
- ・デメリット：マクロ的な環境はあまりにも多岐にわたっているため、自社の事業に関わる環境に限定しないと際限が無く、時間軸についても目的に応じて一定の期限を設けた変化を想定する必要があります。

3）HAZOPスタディーズ

　　自社の業務プロセスや手順に基づいてリスクを特定する手法であり、「事業や業務に必要な経営資源」を「会社や組織のマネジメントプロセス」を通して「商品や製品としてアウトプット」するまでの一連の流れの中で発生する不確実性（リスク）を、ガイドワード（図2）を利用しながら検討していきます。この手法のメリット及びデメリットは以下の通りです。

・メリット：運用の実経験を持つ人員が取り組むことで、広範囲なシステムやプロセス及び手順に適合でき、徹底的に調べることを可能にし、ヒューマンエラーの原因及び結果の明確な検討が可能となります。また、解決策やリスク対応策を生み出すことに繋がります。

・デメリット：詳細な分析には時間とコストが掛かり、高レベルのプロセスや手順書等が必要になります。また、詳細なリスクに集中し、広範囲な問題や外部の問題がおろそかになる可能性があるので注意が必要です。

保険代理店の役割

　　保険代理店に関わらず、特定の企業のリスクを第三者が理解することは非常に困難であると考えられます。なぜならば、リスクは企業の規模・特性に応じて様々であり、その企業を取り巻く環境の変化や業務プロセスや手順、ステークホルダーの種類やその関係性等が大きく異なるからです。そのため、保険代理店がリスクコンサルタントとして企業のリスク特定に関わる場合も、単にリスク特定業務を受託するということではなく、お客様のリスク特定を支援するスタンスで、お客様と一緒になってリスク特定を実施することが重要です。具体的には、社長や含む経営陣等と一緒にリスクを特定するケースが多いと思いますが、組織の規模が大きくなってくると、社内研修会で様々なリスク特定手法の指導をしたり、ブレーンストーミングのファシリテーターを行ったり、社員アンケートを作成したりすることで企業のリスク特定の支援をすることも求められるでしょう。

図1：PEST分析の視点と事例

視点	観点	事例
P：Politics	政策や法律等の政治環境の変化	各種法律改定、政権交代等
E：Economy	景気・為替トレンド等の経済環境の変化	為替や金利の変動、原油高騰等
S：Society	人口動態、価値観等の社会環境の変化	少子高齢化、ネット購入、環境問題等
T：Technology	技術革新や衰退による技術環境の変化	ビッグデータ、IOT、フィンテック等

図2：HAZOPスタディーズ　ガイドワードの例

ガイドワード	説明	応用例
NO, NOT	想定機能が発揮されない	・原材料が届かなくなる　・納品先が倒産する
MORE	量的に過剰となる	・多く注文してしまう　・作業人員が多すぎる
LESS	量的に過小となる	・資金や人員が不足する　・取引先が少なくなる
AS WELL AS	質的に過剰となる	・材料品質の過剰　・サービス品質の過剰
PART OF	質的に不足となる	・材料品質の不足　・納品の遅延
REVERSE	想定と逆になる	・注文情報の未達　・納品物の返品
OTHER THAN	想定外のことが起こる	・インフラの停止　・事業の買収

参考：リスクマネジメントの実践ガイド　三菱総合研究所　日本規格協会発行

51

1．リスク特定手法について

　前章に引き続きリスク特定の手法について「JISQ31010:2012（リスクアセスメント技法）」を参考にしながら説明させて頂きます。この章ではインタビューで個々人から情報を集める「構造化インタビュー」と現状からハザード（リスク源）や危険状態、事象を特定する「予備的ハザード分析」、リスク特定の正確さや完全性を改善するための支援技法としての「ブレーンストーミング」について説明させて頂きます。

1）予備的ハザード分析（ＰＨＡ）（図1-①）

　事故の発生につながる可能性のある状況、条件、事象、物体等（ハザード）を発見し、リスクを特定する手法です。企業の今ある状況及び過去の経験値等の中から簡易にリスクを特定する手法であり、情報量によって特定できるリスクの精度に違いが出てきます。一般的に外形的に把握できる情報や社内情報に基づいて特定を行うことになりますが、具体的には書類調査（決算書や経営計画、製品・サービス案内、ホームページ、過去の事故記録データ等）や現場調査（製造現場や販売現場の状況・環境等）からリスクを特定します。メリット・デメリットは以下の通りです。

　　　・メリット　：情報が限られていても実施することができ、客観的に組織を見ることが可能となります。

　　　・デメリット：情報量によって特定の精度は大きく異なりますが、ＰＨＡで得られるのはあくまでも予備的情報であるため、リスクに関する詳細情報等は得ることができません。

　ISO31000 ではハザードという言葉を使わず「リスク源」という文言を用いますが、いずれも事象を発生させる現在の状況・環境等を指します。なお、適切なリスク特定を行うにはリスク源がもたらす事象や結果を予測できるだけのリスク感性と想像力が求められます。

2）構造化インタビュー（アンケート）（図1-②）

　インタビューを受ける個々の人々に予め用意した回答記入シートに基づいて質問を行い、異なる視点からその見解を求め、リスクを特定する方法です。

　インタビューは目的を明確に伝えたうえで実施することが必要であり、対象者もできる限り多くのステークホルダーからの声を集めるのが理想的です。しかし、限られた時間の中で実施する場合は従業員の方々（様々な部門及び階層の方々）へのインタビューを優先することも多く、より多くの方々の意見を反映する場合にはアンケートを用いることもあります。インタビューのメリット・デメリットは以下の通りです。

　　　・メリット　：グループ等で集まる必要が無いため行いやすく、特にアンケートの場合は多数の社員やステークホルダーの参加を可能にし、一人ひとりが問題やリスクを熟考する機会となります。

　　　・デメリット：インタビューの場合は一人ひとりから情報を収集するのに時間が掛かり、個々人の持つ偏見が影響し、想像力が誘発されません。

　アンケートを実施する場合には、必ず説明会等を開いてアンケートの目的を明確にし、言葉の定義やアンケート内容によって不利益が無いことなどを説明しておかなければ、全く役に立たないアンケートになる可能性があるため、注意が必要です。また、アンケート結果は、集計を行い、情報を整理した上で必ずフィードバックすることが重要です。（図2参照）

3）ブレーンストーミング（図1-⑤）

　ブレーンストーミングは知識ある人々のグループ間に自由な会話を促進することで様々な発想や価値観を共有しながら意思決定を促す作業であり、単なるグループ討議ではなく、メンバー各人の想像力がグループ内の他人の考え及び意見によって確実に誘発されるような議

事進行が求められます。そのため、予めセッションの目的が共有され、参加者は事前に準備を行うと共に、ファシリテーターによって効果的にアイデアが共有されることが求められます。また、一定のルールに基づいて全ての情報を受け入れ、どれも批判せず、議論を行わないことでアイデアの出し合いをすることが重要です。

　　・メリット　　：比較的素早く、簡単に開催が可能であり、主要なステークホルダーや様々な階層や部門の人員を参加させることで、コミュニケーションが促進されると共に、新たなリスクの特定を助長することに繋がります。

　　・デメリット：参加者の能力や経験値、知識によって有効性が阻害される可能性があり、参加する人の立場にギャップがあると特定の人員の意見がグループを支配することがあるので注意が必要です。

　※ブレーンストーミングは、他のリスクアセスメント手法と併用することが可能であり、リスクマネジメントプロセスのステップに創造的思考を助長する技法として取り入れることも可能です。

保険代理店の役割

　この章では具体的なリスク特定の手法のお話をさせて頂きましたが、実際には一つの手法だけでリスク特定が完結することは少なく、様々な手法を実施することで完成度の高いリスク特定に繋がるため、手順に基づいて様々な手法を実施することが求められます。一般的に保険代理店が企業のリスク特定を支援する際のプロセスとしては、まず現状を踏まえて①予備的ハザード分析を実施し、それらの情報に基づいて役員や各部門の責任者に②インタビューを行います（社内外の環境を把握するためにPEST分析やガイドワードも活用します）。その上でリスク情報を整理して③チェックリストを作成し、チェックリストに基づいて④現場におけるリスク特定を行い、最終的に⑤ブレーンストーミングを行って完成度を高めます（図1参照）。さらに多くの情報を得たい場合にはチェックリストに基づいてアンケートを作成し、多くの方々に回答頂くことによって情報を集めることもあります（図2参照）。

図1：リスク特定のプロセス	図2：アンケート実施のプロセス
①予備的ハザード分析 （書類調査・現場調査・事故記録データ等）	①アンケート（調査票）の作成 （リスク源、原因、影響領域、結果を含む）
②インタビューの実施 （役員・部門長を中心に幅広い職種・階層）	②説明会の開催 （実施目的、言葉の定義、記入方法等を説明）
③チェックリストを作成 （PEST分析、ガイドワード等の視点を導入）	③アンケートの配布・記入 （簡単なフォームで短時間で記入できるもの）
④現場におけるリスク特定 （チェックリストを参考に各部門から情報収集）	④アンケートの回収 （回収期限を明確にして匿名にて回収する）
⑤ブレインストーミングの実施 （新たなリスクを特定し、完成度を高める）	⑤アンケートの集計及び情報整理 （アンケート結果は必ずフィードバックする）

1. リスク分析【6.4.3】

リスク分析は、ISO31000（2009）の用語及び定義では、「リスクの特質を理解し、リスクレベルを決定するプロセス」と定義されており、「リスク評価及びリスク対応に関する意思決定の基礎を提供」するとされています。

つまり、リスク分析の意義は、必要に応じてリスクのレベルを含め、リスクの性質及び特徴を理解することです。具体的には「結果」とその「起こりやすさ」の組み合わせとして表現されるリスクの大きさであるリスクレベルを決定することによってリスクの重要度を決定し、リスク評価及びリスク対応の必要性を認識すると共に、そのリスクの性質や特徴を理解することで最適なリスク対応戦略及び方法に関する意思決定に必要な情報を提供します。また、リスク分析には「リスクの発生確率と結果の値を設定するために用いるプロセス」であるリスク算定を含みます。

> ※リスク分析は、個々のリスクの重要性や対応の必要性の判断だけではなく、複数のリスクの中から対応すべきリスクを選択し、または異なるレベルの中から対応すべきリスクを選択する場合にも活用されます。

2. リスク分析に関する用語の整理

リスクレベルは「結果とその起こりやすさの組合せとして表現されるリスク又は組み合わさったリスクの大きさ」と定義されており、実際にリスク分析を実践するには「起こりやすさ」と「結果」というものについて正しく理解しておくことが大切です。

1）起こりやすさ：何かが起こる可能性

リスクマネジメント用語において、何かが起こる可能性を表すには、決定が客観的か主観的か、定性的か定量的かを問わず、「起こりやすさ」という言葉を使用し、「高い」「ふつう」「低い」等の一般的な用語を用いて示すか、発生確率や頻度等のように数学的に表します。

> ※1：発生確率："0"は可能性がなく、"1"は絶対に確かな場合に、0と1との間の数字で表される発生の可能性の尺度。（一般的には%で表示します）
> ※2：頻度：定められた期間内の事象又は結末の数。頻度は、過去の又は将来の起こり得る事象に適用でき、そこでは起こりやすさ又は発生確率の尺度として使用できる。
> （「1年に2回」「20年に1回」等で表現）

2）結果：目的に影響を与える事象の結末

> 注：結果は確かなことも不確かなこともあり、目的に対して好ましい影響又は好ましくない直接的影響や間接的影響を与えることもある。
> ※3：結果は、定性的にも定量的にも表現されることがある。
> ※4：いかなる結果も、波及的影響及び累積的影響によって増大することがある。

3. リスク分析の方法

リスクの表現が異なるように、リスク分析に用いる手法も以下のように定性的、半定量的又は定量的の3種類に分けられます。リスク分析の精度はその用途、信頼できるデータの可能性及び組織の意思決定の必要性によって異なり、方法及び分析の詳細さの程度は、法律によって規定されることもあります。

1）定性的アセスメント

「高い」「ふつう」「低い」のような重大さのレベルによって、リスクの結果、起こりやすさ及びレベルを定義し、結果と発生確率を組み合わせたリスクレベルを定性的基準に合わせて判定することもあります。採用する用語の明確な説明が必要であり、全ての基準の根拠を記録することが望ましいとされています。

2）半定量的アセスメント

結果及び起こりやすさに関して数値による基準を用い、その二つを組み合わせてリスクレベルを導き出します。

3）定量的アセスメント

結果及び起こりやすさを算定し、具体的な数値単位でリスクレベルの値を算出します。

※完全な定量的分析は、不十分な情報、データ不足、人的要因の影響などのために、又は定量的分析作業が保証もしくは要求されていないという理由で、必ずしも可能又は望ましいとは限らず、各分野に精通している専門家による相対的なリスクの半定量的又は定性的評価が有効なケースもあります。
※完全な定量化を実施した場合でも、算出したリスクのレベルが推定値であり、採用するデータ及び方法の正確さに見合ったリスクレベルとなることを認識する必要があります。

４．複数のリスク基準の採用

上記のように「起こりやすさ」や「結果」の表現方法やリスク分析の方法がいくつも存在するのは、組織が抱えているリスクが多岐にわたり、それらを同一基準で判断するのは困難であり、結果の表れ方もその組織の状況や影響領域等で変化するからです。

従って組織自体がどのような観点でリスクを評価するかという視点が重要であり、組織として避けたい影響の規模や形態を十分協議した上で、判断尺度であるリスク基準を必要な数だけ用意することがリスク分析の実施を円滑にします。そして、確定されたリスク基準に基づいてリスク分析が定性的、半定量的もしくは定量的に実施されることとなります。

※リスク基準の詳細は「20章　適用範囲、状況及び基準③リスク基準の決定」を参照して下さい。

保険代理店の役割

どれほど優秀でノウハウを持った保険代理店やリスクコンサルタントでも企業を取り巻く様々なリスクに対する 100％のリスク分析は不可能ですし、仮にそれが可能であったとしても、必要となる人件費や時間コスト、分析コストは大きく企業収益を圧迫することになるでしょう。リスク分析は適切なリスク対策を実施する上で必要な情報を提供するリスクアセスメントの一つのプロセスであり、目的ではありません。そのため、組織運営に関わるリスク分析においては、精度よりも簡単で時間が掛からないことが重要視されることも多く、最終的なリスク分析の有効性も組織文化や個々人のリスク感性に基づいた組織の合意と社員の納得感に大きく影響を受けます。保険代理店は組織に必要なリスク分析の精度を理解すると共に、専門的知識を活用し、適切なプロセスを通して組織のリスク分析の精度と有効性を高める支援をすることが必要であり、それがレベルの高い保険提案に繋がります。

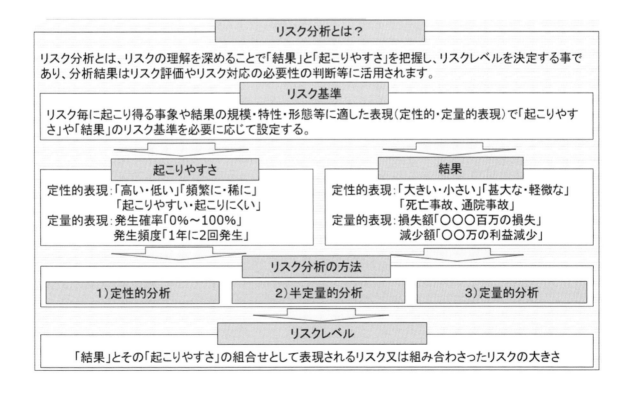

55

1．リスク分析の留意点

　リスクマネジメントの目的は適切なリスク対応によって組織の目的を達成することであり、企業においては理念に基づいて存在意義を維持し、将来のビジョン達成に向けて発展的な経営を行うためであり、リスク分析が目的ではありません。そして、将来に発生するリスクについて、100%の分析はないため、様々な情報やデータ、手法やノウハウを用いて、理想的なリスク分析結果を導くことが求められますが、企業はリスクマネジメントやリスク分析に対して無限に経営資源を投下することは不可能です。そのため、限られた経営資源の中で適切なリスク分析を行うためには、以下の点について留意する必要があります。

1）リスク分析に必要な情報
　リスク分析には、リスクの原因及びリスク源、リスクの好ましい結果及び好ましくない結果、並びにこれらの結果が発生する起こりやすさを考慮する必要があります。特に結果や起こりやすさに影響を与えるリスク源に着目し、それらの情報からリスク分析を行うことが求められます。

2）リスクの広がり（連鎖）
　一つの事象が複数の結果をもたらし、複数の目的に影響を与えることがあるので注意が必要です。具体的には、火災は建物や設備の損失に加えて、労災事故や賠償責任等の複数の結果をもたらす可能性があり、安全な職場環境の実現、会社の理念やビジョン、事業計画の達成といった複数の目的に影響を与えます。

3）残留リスクの分析
　リスク分析は一般的に残留リスク（リスク対応後に残るリスク）を対象として行うため、既存の管理策並びにそれらの有効性及び効率を考慮に入れることで、管理策実施後のリスク量を捉える必要があります。但し、あくまでも考慮するのはコントロール対策であり、一般的には保険等のファイナンス対策は考慮しないことが多いと思われます。

4）リスク分析の精度
　リスク分析の精度はリスク自体、分析の目的並びに利用可能な情報・データ・資源によって異なります。リスク分析の目的はリスク対応の必要性や対応策の検討であり、全てのリスクについて同等の精度が求められるものではありません。重大リスクの場合は詳細な分析が必要ですが、結果や起こりやすさが低いリスクは簡易的な分析に止めたり、リスク分析の対象から外すこともあり得ます。

5）分析結果の表現
　リスク分析の目的によってリスク分析の結果の表現方法は異なるのが望ましく、一般的には定量的、定性的、半定量的な表現が考えられます。また、結果や起こりやすさ、リスクレベルを表す方法はリスク基準に基づいていることが必要であり、その表現方法はリスクの種類や利用可能な情報、リスクアセスメントを実施する目的を反映していることが大切です。

6）リスクの相互依存性
　一つのリスクが他のリスクの発生や損失額に影響を与えたり、一つのリスク源が複数の事象の発生や結果の大きさに影響を与えたり、複数のリスク源やリスクが組み合わさることで発生する事象や結果があるため、それらの異なるリスクやリスク源の相互の依存性を考慮してリスク分析を行うことが求められます。

7）前提等の明確化
　リスクレベルに対する確信度合いや必要となる条件や前提がある場合はそれらを踏まえてリスク分析を行い、リスクマネジメントの意思決定者やステークホルダーに対して効果的に伝達されることが求められます。また、専門家の意見の相違や、情報の不確かさや利用可能性等の要素がある場合は、明記して強調して伝達することも必要です。

8）結果の多様性
　特定の結果及びその起こりやすさは複数の事象から発生し、様々な実験調査もしくは利用可能なデータを考慮することによって決定され、有形及び無形の影響として表現されます。また、それらが時間的要素や場所、特定の状況下において異なる結果をもたらす場合は、複数の数値又は記述用語が必要となります。しかし、このように具体的な事象が特定できない場合や異なる複数の結果がもたらされる場合でも、防護レベル又は復旧戦略に関係する対応策を検討する必要があります。

9）リスク分析の限界

　　リスク分析は、意見の相違や先入観、リスクの認知及び判断によって影響を受けると共に、使用する情報の質や加えられた前提や除外された前提、手法の限界、並びに実行方法にも影響を受けるため、これらの影響を検討し、文書化して意思決定者に伝達することが求められます。

２．管理策のアセスメント

　リスクレベルは既存の管理策の適正及び有効性に影響を受けるため、次の点に留意して既存の管理策を踏まえた適切なリスク分析を実施することが必要です。

　　1）ある特定のリスクの既存の管理策は何か？

　　2）管理策はリスクを許容レベルに制御するためにリスクに適切に対応しているか？

　　3）管理策を計画通りに運用しており、その管理策は有効に機能しているか？

　　※　ある特定の管理策の有効性のレベルは、定性的、半定量的又は定量的のいずれの方法で示しても良いですが、適切に有効性の程度を把握し、記録することで、管理策の改善や別のリスク対応策の検討を促すことが必要です。

保険代理店の役割

　この章ではリスク分析についての留意点を中心に説明をしましたが、リスク分析は絶えず不確実性が伴う非常に難易度の高い取組みであり、適切な分析には非常に多くの情報や手法が必要となり、リスクの専門家である保険代理店が関わることが必要不可欠であると考えられます。様々な留意事項を押さえながら、個々のリスクの結果と起こりやすさを分析することは、そのリスクを保有できるか否かの判断において非常に有用な情報となり、保険の必要性や内容を判断するために必要不可欠となります。中小企業においては詳細なデータ分析を行うことは非常に難しいと思いますが、個々の会社に特有なリスクについてしっかりとその構成要素を理解し、リスク源を把握することが適切なリスク分析に繋がると考えられます。保険商品の選択も大切ですが、まず保険が本当に必要なリスクなのか？　どの程度の補償が必要なのか？　そのことを明確にするためにリスク分析を行うことが適切な保険提案を可能にするでしょう。

リスク分析の意義

必要に応じてリスクのレベルを含め、リスクの性質及び特徴を理解することであり、、不確かさ、リスク源、結果、起こりやすさ、事象、シナリオ、管理策及び管理策の有効性の詳細な検討が含まれる。

リスク分析の留意点

1）リスク分析に必要な情報	リスクの原因やリスク源等の情報がリスク分析の精度を高めます
2）リスクの広がり	一つの事象が複数の結果をもたらし、複数の目的に影響を与えます
3）残留リスクの分析	残留リスクを分析するため、既存対策の効果の検証が必要です
4）リスク分析の精度	リスク自体や分析の目的、利用可能な情報によって精度は異なります
5）分析結果の表現	リスクの種類や利用可能な情報で分析結果の表現は異なります
6）リスクの相互依存性	リスクやリスク源が保有する相互依存性を考慮する必要があります
7）前提等の明確化	前提条件や必要条件がある場合はそれらを踏まえて分析を行います
8）結果の多様性	結果は複数の事象から発生し、その状況に応じて結果は異なります
9）リスク分析の限界	リスク分析が影響を受ける様々な要素を考慮する必要があります

1．リスク分析手法の検討

　この章では、効果的・効率的なリスクアセスメントを実現するための「予備的分析」と「起こりやすさ」の分析手法について代表的な手法をご紹介しますが、適切な手法で行えば100％のリスク分析ができる訳ではありません。企業にとって大切なのは、自社の規模・特性に基づいて、自社内の限られた時間と能力と人員の中でできる限りリスク分析の精度を追求し、最終的には決断をすることが大切です。「我々にとって○○リスクの起こりやすさは○○で、結果は○○である」と納得感を持った決断をすることが必要であり、その決断があって初めて優先順位を付けて、具体的な対策に取り組むことが可能になります。完璧なリスク分析ではなく、自社のリスクを正しく認識するプロセスを踏まえて納得感のある自社なりの答えを導き出すことが大切です。

2．予備的分析

　最も重大なリスク群を発見するために、又はあまり重大ではないリスクもしくは軽微なリスク群を更なる分析から除外するために、リスクをふるいにかける場合があります。

　その目的は、全てのリスクを詳細に分析するのではなく、重要なリスクに資源を集中させ、効果的・効率的にリスクを分析することですが、影響の小さいリスクでも頻繁に発生し、重大な累積的影響を及ぼすものは除外しないようにする必要があります。ふるい分けは、予め規定した基準に基づいて行うことが望ましく、予備的分析においては次の一つ以上の行動方針を決定し、効率的にリスク分析を進めます。

- ・詳しいリスクアセスメントを行わずにリスク対応を決める
　（明らかに重大なリスクや優先順位及びリスク量が明確な場合）
- ・対応する必要のない、重大でないリスクを除外する
- ・詳細なリスクアセスメントに進む（リスクの影響度が大きいと想定される場合）

3．「起こりやすさ」の分析

　JIS Q 30101（リスクアセスメント技法）においては「起こりやすさ分析及び発生確率の算定」には以下の一般的な3つのアプローチが用いられるとしています。

1）過去データの活用

　　将来のリスクの発生確率の推定に使用可能な関連する履歴データ（過去に起きた事象又は状況等）を活用する方法です。リスク推定に使用するデータは当該企業の規模・特性や、当該リスクが関連するシステム、施設、組織又は活動等に類似しているのが望ましいですが、従来の発生頻度が低い場合は、発生確率の推定値は極めて不確かとなります。

2）予測法を用いた発生確率予測

　　「起こりやすさ」を分析する場合は、「フォルトツリー分析（ＦＴＡ）」を用いることが多く、履歴データが無い場合やデータが不適切な場合はＦＴＡを活用して原因やそれらに影響を与えるリスク源を洗い出し、そこから起こりやすさを類推することが求められます。

3）専門家の意見の反映

　　自社における分析を補完し、又は精度を高めるために様々な専門家の意見を利用することが有効ですが、分析するリスクに関連するシステムや業務、業種や法律等に高い見識を持つ専門家に意見を求める必要があります。

4．フォルトツリー分析（ＦＴＡ）

　ＦＴＡは、調査対象の望ましくない事象（"頂上事象"と言う）の原因及び原因をもたらすリスク源を突き止め、分析するための手法であり、一つの事象からその原因及びリスク源をできる限り広く洗い出し、論理的に関係付け、原因及びリスク源と頂上事象との論理的関係を描き出した樹形図で図示します。（図参照）

1）ＦＴＡの用途

　　ＦＴＡは、事象発生の原因やリスク源を特定することによって定性的に起こりやすさを分析

する場合と、原因の発生確率が判明している時に、事象の起こりやすさを定量的に計算するために使用する場合があり、リスク対応等にも重要な情報を提供します。

2）ＦＴＡの実施手順
①分析する事象を決定する。（特定したリスクから予備的分析を通して絞り込む）
②事象を引き起こす可能性のある原因を特定する。
（原因と事象は一体となって未来に発生しますが、現在に存在するリスク源が継続的に存在することで未来の原因となる場合もあります。）
③原因を分析し、その原因を引き起こすリスク源を明らかにする。
④リスク源を逐次、段階を追ってより上位のレベルまで特定し続ける。
⑤これを更なる分析が非生産的になるまで、もしくは具体的な管理策が実施できるリスク源に至るまで行う。
⑥特定したリスク源や過去の発生状況等から原因ごとの起こりやすさを分析する。
⑦上記プロセスを協議チームで協議し、事象の「起こりやすさ」を決定する。

3）火災の事例（図参照）
　この事例では、頂上事象として火災を想定しており、その下に6つの原因を記載していますが、実際にはこれらに限りません。そして、この事象と原因は基本的に未来に起こることですが、その起こりやすさに影響を与える「ほぼ現在」にあるリスク源を見ていくことが重要です。また、リスク源は一つとは限りませんし、リスク源の要因となるリスク源も存在するため、対策可能なところまで掘り下げて考えることが重要であり、それによってリスク分析のみならず、具体的なリスク対策の必要性まで検討することが可能となります。

保険代理店の役割

　この章では、リスクの「起こりやすさ」を分析する方法としてフォルトツリー分析（ＦＴＡ）について説明させて頂きましたが、リスク分析の目的は100%の起こりやすさを求めることではなく、合理的な手順を踏まえて、自社の規模・特性に応じたリスクの想定を行い、それを全社で認識して受け入れ、適切な対応を行うことによって安心・安全な経営を実現することです。実際には、中小企業ではリスク分析に使用可能なデータを蓄積できていないことが多く、各リスクに関する専門家を雇うことも難しい現状がある中で、保険代理店がその支援をすることが強く求められます。そして、リスクアセスメントにおいて適切なプロセスを踏んでいることが経営陣の注意義務を果たすことに繋がり、それが会社を守ることに繋がります。保険代理店は会社と経営者を守るために適切なリスクアセスメントを支援し、リスクに対する正しい判断を促し、経営者の注意義務・忠実義務を果たすことを支援することで健全な企業経営を支えていくことが必要です。

図：フォルトツリー分析（FTA）

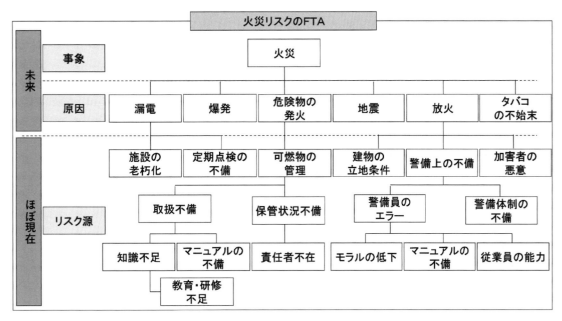

1．結果の分析

1）結果分析とは？

結果分析は、特定の事象状況又は事象が発生したものと仮定して、発生する影響の性質及び種類を決定します。一つの事象は大きさの異なる様々な影響を及ぼし、様々な、異なる目的及びステークホルダーに影響を与えることがあります。

2）結果分析の留意点

結果分析は、単純な結果の記述から詳細な定量化モデル又は脆弱性分析まで様々なものがあります。影響には、重大な結果とはならないが、その発生確率が高いものもあれば、重大な結果で発生確率が低いものも、その中間もありますが、潜在的に極めて大きな結末となるリスクは経営層にとって最も危惧すべきであり、重視することが必要と考えられます。また重大な結果とそれほど重大でない結果との両方を別々に分析することが重要となることがあります。具体的には頻繁に起こるが影響の少ない（すなわち慢性的）問題は、累積的又は長期的作用が大きいことがあり、この２種類のリスクの対応策は全く異なったものとなることが多いため、別々の分析が有用と考えられます。

2．イベントツリー分析（ETA）

イベントツリー分析は、「原因及び事象」から生じる様々な「結果」を想定したシナリオをモデル化し、どのような「結果」がどのような「起こりやすさ」で発生するかを定量的・定性的に分析します。また、望ましくない「結果」の修正を目的とした様々な「既存管理策」によって「結果」がどのような影響を受けるかについてのシナリオを描きます。（図参照）

【実施手順】

①「原因及び事象」を選択する。（場合によっては場所や時間的要素も考慮する。）

②「結果」の修正用に設けられている「既存管理策」を順に記載する。

③「既存管理策」ごとに、その成否の起こりやすさを表す。

④上記の①〜③のプロセスから「結果」とその「起こりやすさ」を分析する。

3．事業影響度分析（BIA）

事業影響度分析は、製品・サービスなどを提供する事業活動とそれらが依存する資源に注目して、リスクの発生の可能性にとらわれずに、それらの資源が被災して事業活動が中断・阻害された場合の影響を分析・評価するプロセスであり、ISO22301（事業継続マネジメントシステム）でも以下の項目等を含めて要求されている分析手法です。

1）製品・サービスの提供を支援する事業活動（その組織の業務とプロセス及び業務遂行に不可欠な依存する資源）を特定するために、業務プロセスで使用され、供給される資源を全て洗い出します。

2）これらの事業活動を実施しないことによる経時的な影響（毎日どれだけの損失を被り、それらが長引いた場合の影響及びその許容期間）を考慮します。これらには、組織が被る経済的な損失のみならず、組織に課せられた法令、規制に基づく義務や契約上の義務、社会インフラを支える商品・サービスを提供する場合の社会的供給責任、組織としてのブランドの維持などの観点も考慮する必要があります。

3）これらの事業活動を再開しないことによる影響が許容できなくなるまでの時間を考慮し、再開すべき事業活動の優先順位付けを行い、再開時に要求される稼働レベルを決め、いつまでに再開すべきか、復旧の目標時間を決定します。

4）優先事業活動の遂行に必要となる資源（サプライヤーや外部委託先及びその他該当する利害関係者から提供される資源を含む）を特定します。

4．結果の定量化について

結果がもたらす組織への影響は「リスク基準」に基づいて定量的・定性的に行う必要がありますが、定量的影響（財務的影響）は以下の手順で検討します。

①事象が影響を与える影響領域を分析します。
　　例１）経営資源（人・物・金・ノウハウ・技術等）の喪失
　　例２）ステークホルダー（お客様・株主・従業員・取引先等）への責任及び影響
　　例３）その他（第三者の身体・財物、電気等のインフラ、業界やプロジェクト等）

②一つの事象からもたらされる複数の結果や派生リスクについて考慮します。
　　例１）自動車事故⇒車両損害、対人賠償、対物賠償、労働災害、訴訟費用等
　　例２）地震の発生⇒火災、労災事故、建物の倒壊、生産停止等
　　例３）労働災害⇒災害補償責任、労働契約責任、使用者賠償責任、再雇用費用等

③最終的な財務への影響を分析します。
　　例１）財物損失⇒資産の減少額もしくは再調達価格によって分析する
　　例２）人的損失⇒社員減少による影響、労災の場合はその責任を考慮する
　　例３）賠償責任⇒対人賠償と対物賠償があり、算定方法が異なる
　　例４）収入減少⇒生産量もしくは販売量の減少、売掛金の未回収等を想定する
　　例５）費用損失⇒付随的な費用や復旧費用、営業継続に必要な費用等を含む
　　例６）戦略損失⇒意思決定による投資コストや逸失利益などを含む

保険代理店の役割

保険代理店は有事の際の損失に備えた保険を提供することが使命であり、適切な保険提案には事象の結果として将来に発生する損害額を把握することが大前提となります。

保険の基本的価値である財務的価値は、事象の結末として損害が発生した時に初めてその機能を発揮するため、保険代理店はその時に焦点を当てて、最適提案を実施する必要があります。そして、経営者にリスクに対する正しい判断をして頂くためには、保険に入るか否かではなく、将来に発生する損失を保有するかしないかという視点で問いかける必要があります。そもそも保険に入りたい経営者はいないと思いますが、リスクを保有したいと思う経営者もいないはずです。つまり、保険料の高い安いで意思決定をするのではなく、将来発生する可能性のあるリスクや損失をしっかりと認識し、それらの損失額が保有できるのか、できないのか？　保有するのか、保有しないのか？といった視点で考えることが、リスクの視点から正しい意思決定をするために必要不可欠です。そして、分析結果としての損失額の把握はそれらの判断の非常に重要な情報となります。

イベントツリー分析（ETA）

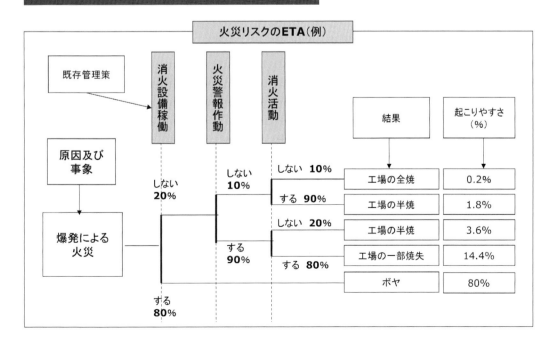

1．リスク評価【6.4.4】

　リスク評価とは、リスク及びその大きさが、受容可能か又は許容可能かを決定するために、リスク分析の結果をリスク基準と比較するプロセスであり、リスクの優先順位の明確化及びリスク対応の必要性や優先順位付けなどの意思決定を手助けします。ここでは、一般的なリスク評価の手段として、リスクマトリクスを活用したリスク評価について説明していきたいと思います。リスク評価については、「第20章　適用範囲、状況及びリスク基準③」で説明した「リスク基準」や「リスクマトリクス」が大きく関係しますので、それらも参照して頂きたいと思います。

2．リスク評価の目的

　リスク評価の目的は以下の意思決定を行うことですが、決定すべき事項の性質及び決定のためのリスク基準は【6.3.4リスク基準の決定】（第20章を参照）において決定しており、その基準に基づいて分析されることが前提となりますが、リスクに関する詳細が判明するこのステップで更に詳細に性質や基準を検討する必要があります。

1）リスクの優先順位の決定

　リスクの重要度の優先順位は、基本的にはリスクマトリクスにおける分析結果とリスク基準との比較によって決まってきますが、実際にはそこに組織の文化やリスクに対する方針を盛り込むことが重要であり、この優先順位によって対応すべきリスクか否かをまず判断することになります。しかし、優先順位が高いことと対応を実施することは別物であり、優先順位が高くても対策の効果が見込めない場合は対応を行わないこともありますし、優先順位が低くても効果的な対策は実施することがあります。

2）リスク対応の必要性の判断

　リスク分析の段階では、リスクの重要性の相対的比較は可能ですが、対応の必要性の有無についてはリスク評価でリスク基準との比較によって決定します。意思決定においては、法律や社会的要求等を満たす必要性やステークホルダーへの影響を鑑みて判断することが求められます。最終的にリスク対応を行うか否かはリスクを取る場合のコスト及び効用、並びに管理策の実施や改善に要するコスト及び効用に依存します。

3）その他の意思決定

　上記以外の意思決定としては、リスク分析の精度が不十分な場合は、分析をやり直すことも考えられますし、既存の対応以外の新たな対応を行わず、リスク保有の判断をすることもあります。実際には、会社や関連するステークホルダーのリスク許容度や、組織のリスク選好の考え方によって対応の仕方は大きく異なります。財務力の大きな組織やリスクを積極的に取る企業の場合は広い範囲でリスク受容が行われることもあります。

3．リスク評価の意義

　リスク評価の意義は、決定を裏付けることであり、どこに追加の行為をとるかを決定するために、リスク分析の結果と確立されたリスク基準との比較を行います。これによって、次の事項の決定がもたらされます。

- ・更なる活動は行わない
- ・リスク対応の選択肢を検討する
- ・リスクをよく理解するために、更なる分析に着手する
- ・既存の管理策を維持する
- ・目的を再考する

　意思決定では、より広い範囲の状況、並びに外部及び内部のステークホルダーにとっての実際の結果及び認知された結果を考慮し、組織の適切なレベルで、リスク評価の結果を記録し、伝達し、更に検討することが求められます。

4．リスク評価の手順（図参照）

　リスクマトリクスを用いてリスク評価を実施する手順は以下の通りです。（図には下記①～③までの優先順位を決定するプロセスが記載されています。）

　①「起こりやすさ」と「結果」の分析結果をリスク基準に照らし合わせて比較し、それぞれの評価を行う。
　②リスク基準に基づいて作成したリスクマトリクスに「結果」と「起こりやすさ」の評価結果を当てはめて（プロット）してリスクレベルを確定する。（図の場合は「S」）

③確定したリスクレベルによって重要度や対応すべき管轄組織等が決まりますが、組織の価値観やリスク選好の可能性、法律やステークホルダーの許容度等を考慮してリスクの優先順位を決定する。
④優先順位の高いリスクから順番にリスク対応の必要性や実施の可否を検討し、決定する。

５．リスクレベルに応じた対応

設定しているリスクレベルに応じてその重要度を定義付け、対応すべき組織や人員を明確にする必要がありますが、ここではその一例を紹介いたします。

- １）重大リスク (High risk)：一度の事故で債務超過に陥る可能性がある、最も優先順位が高いリスクです。対応のコストや効用に関わらず許容できないリスクであり、取締役会等で対応を協議する必要性があります。
- ２）高リスク (Serious risk)：一度の事故で赤字に陥る可能性があるリスクであり、費用対効果及び機会と潜在的結果とのバランスを考慮しながら、RM 委員会等で検討し、積極的に対応することが求められます。
- ３）中リスク (Midle risk)：赤字とはならないが、経営計画を狂わせる可能性があるリスクであり、費用対効果や財務的にリスクを保有する可能性も考慮しながら、リスクマネジャーを中心に対応を検討することが求められます。
- ４）低リスク (Low risk)：最も優先順位の低いリスクであり、対応策が不要の場合はあえて何も対応せず、必要に応じて部門長レベルが対応します。

保険代理店の役割

保険代理店の固有のノウハウとして企業のリスクアセスメントを支援し、最終的にはリスクマトリクスを作成するということがあると思います。その結果に基づいて保険の必要性の有無や、保険を掛ける優先順位を付け、最も効果的・効率的な保険ポートフォリオを設計して、手続きを進めることが必要です。従来はプロダクトアウトによる保険販売であり、一つのリスクに一つの保険という部分最適型の提案が中心でしたが、これからはお客様を取り巻く様々なリスクから守るために、全体最適を実現することが重要です。

保険業界が大きく変化する中で、法人マーケットを事業ドメインとして活動するのであれば、保険代理店としての独自の付加価値で差別化する必要性があり、リスクマトリクスの作成を通して適切なリスク評価を行うというノウハウは保険代理店にとって必要不可欠になってくると思います。このリスクマトリクスの作り方や具体的な機能については次章で詳しく説明をさせて頂きます。

リスク評価の実践（PL事故の例）

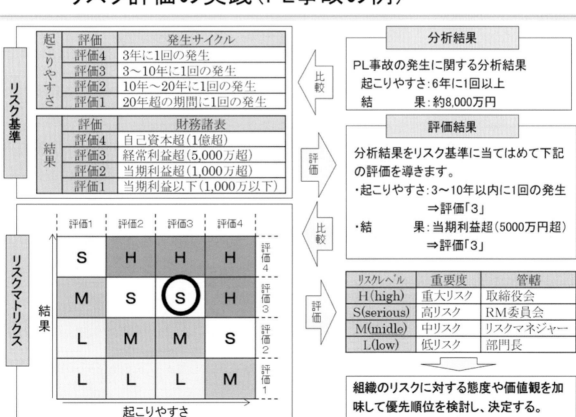

㉛ リスク評価② リスクマトリクスとは？

1．リスクマトリクスとは？

　リスクマトリクスとは、「結果及び起こりやすさの範囲を明確化することによって、リスクの優先順位付けと表示を行う手段」と定義されています。

　リスクマトリクスやリスク基準については、20章「適用範囲、状況及びリスク基準③」でも説明しましたが、ここでもう一度整理をしておきたいと思います。リスクマトリクスにも様々な形態のものが存在しますが、ここでは縦軸に「結果（損失の大きさ）」、横軸に「起こりやすさ」のリスク基準をおいたリスクマトリクスを取り上げます。

　また、定量的なリスク基準をおく一般的なリスクマトリクスと定性的なリスク基準をおいた簡易リスクマトリクスの2つについて説明致します。名称についても「リスクマップ」や「リスクマトリクス」等のように書籍等によって様々ですが、ここではリスクマトリクスで統一したいと思います。

1）一般的なリスクマトリクス（図-①）

　　一般的なリスクマトリクスは、以下のように具体的な数値でリスク基準を設定するため、自社へのリスクの影響度をより厳密に知ることが可能となり、経営の意思決定や社内におけるリスク認知の共有等に使われます。※定性的なリスク基準を併用することもあります。

【結果の基準（例）】
- 財務諸表：自社の財務諸表に与える影響を計る（図-①で使用）
- 当座資金：自社のキャッシュフローに与える影響を基準とする
- 売　　上：自社の生み出す価値（売上等）に与える影響を基準とする

【起こりやすさの基準（例）】
- 発生サイクル：事故が発生する時間間隔を基準とする（図-①で使用）
- 発生件数：一定期間内に発生する件数を基準とする
- 発生確率：一定期間内に発生する確率（％）を基準とする

【具体的な活用方法】
- 個々のリスクの経営への影響が計れ、優先順位が明確化される
- 社内のリスク認知の共有化ツールとして有効
- リスク対策の方向性が分かり、リスク対策手法の検討を容易にする
- リスク対策コストの効果的・効率的な配分を可能にする

2）簡易リスクマトリクス（図-②）

　　従業員のアンケートや社内の意識調査に基づいて作成するリスクマトリクスであり、現場からの情報に基づいて作成するため、誰にでも理解し易い定性的な表現を使います。現場におけるリスク状況の理解や、社内メンバーの認識と会社側との認識ギャップ等を理解するのに有効です。

【結果の基準（例）】
- 財務損失：リスク発生による影響が甚大か否かを基準とする（図-②で使用）
- 人的被害：人的な影響がどこまで拡大するかを基準とする
- ブランド：リスクの事件性やパブリック性の大きさを基準とする

【起こりやすさの基準（例）】
- 発生可能性：発生する可能性が高いか低いかを基準とする（図-②で使用）
- 過去経験値：自社や他社で過去に発生したことがあるか無いかを基準とする
- リスク状況：リスクに対する対策状況やリスク源の数や種類を基準とする

【具体的な活用方法】
- 社員のリスク認知や社員と会社側の認知ギャップ等を把握する
- 職層別、職種別・部署別等のリスク認知及びそのギャップを把握する
- 現場のリスク実態を把握すると共に、リスク源を洗い出すことに繋がる
- 教育・研修の方向性や取るべき対策が明確になる

2：リスクマトリクスのメリット・デメリット

　リスク評価の手段としてのリスクマトリクスの活用には次のようなメリット及びデメリットがあるため、そのことを理解して作成及び活用することが大切です。

【メリット】
・比較的使いやすく、リスクを重大性別に迅速に順位付けできる
・リスクの重要性や優先順位が視覚的にも理解しやすい
【デメリット】
・様々な組織状況に柔軟に適用することが困難（リスクが発生する時間や場所・部署等の状況への適用が困難）
・評価尺度の曖昧さを取り除くことが難しい（特に定性的な基準）
・主観的な評価となるので、評価者によって著しい違いが出やすい
　（評価者によって想定する組織状況、事故状況及び被害状況が異なることが多い）
・リスクを総計することができない
　（複数の低リスクが重なっても一つの中リスクの評価とはならないことがある）
・リスク基準の異なるものを比較するのが難しい
　⇒複数のリスク基準（特に定性的）を活用する場合の比較が困難

保険代理店の役割

　リスクマトリクスの作成は全社的な視点から保険提案を行うに当たり、必要不可欠な知識であり、ノウハウであると考えます。このマトリクスを作成することによって、リスク基準に基づいたリスクの影響を理解し、保険の正しい必要性認識を持つことが可能になり、全社的な視点からリスクに優先順位を付けて保険を検討することも可能となります。しかし、大切なのは、これは企業自体が考え、作成すべきものであり、保険代理店が作成するものではないということです。保険代理店がリスクの専門家として強く認識すべきなのは、リスクマトリクスの必要性を説明し、作成の支援を行うことで、企業に正しくリスクを認識してもらうことは重要ですが、保険代理店が独自でマトリクスを作成することは困難であるということです。あくまでも、作成するのは企業であり、保険代理店はそれを支援する立場であることを認識する必要があります。

リスクマトリクスの例

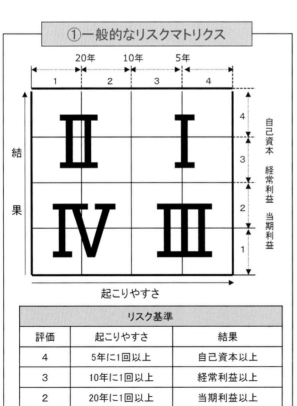

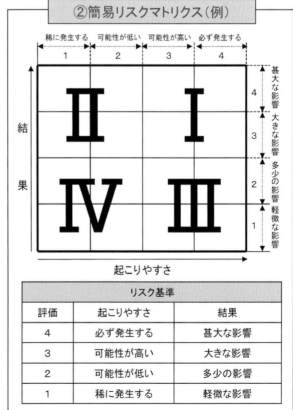

1．リスクマトリクスへのプロット

　リスクの分析結果をリスクマトリクスにプロット（置く）して最終的な優先順位を決定するに当たり、再度以下の視点においてリスクの特性を考慮することが求められます。

1）戦略的リスク

　プラス面・マイナス面を両方持った戦略的リスクの場合は、プラス面をどう考慮するかが課題ですが、リスク対応を目的とするリスク評価については、マイナス影響のみを考慮することが多いと思われます。

　　　例）為替影響が円安はプラス、円高はマイナスの場合は円高時を想定する
　　　例）先行投資のリスクはリターンが投資を下回るケースを想定する
　　　例）環境変化のリスクは対応を誤った場合の損失額を想定する

　　※ただし、リスクにどう向き合い、対応するかといった意思決定においては、プラス影響を十分に考慮して行うことが重要です。

2）派生リスク

　派生リスクをどこまで含んで分析及び評価をするかは、企業ごと・リスクごとに異なると考えられます。予めリスク基準として定めるのが望ましいですが、一般的には派生する可能性によって判断することが多いと考えられます。特定の派生リスクを含むことで「起こりやすさ」や「結果」の評価が大きく変化する場合には別リスクとして管理していくことも必要です。

3）リスクの細分化（図2参照）

　リスクが顕在化する場所や形態等によってリスク量や対策手法が異なる場合には、一つのリスクを更に細分化して個別に評価することも必要です。それによって、対策の優先順位や打つべき対策が大きく変わることが考えられます。

　　・地域別分類：複数の工場やビルを所有している企業の場合
　　　　例）同じ火災リスクでも火気の有無や建物の構造、保管してある商品や設備の種類や量によって起こりやすさも結果も大きく異なります。
　　・商品別分類：様々な製品やサービスを提供している企業の場合
　　　　例）同じ会社で発生するＰＬ事故でも、商品やマーケットによって起こりやすさや結果が大きく異なるものもあります。
　　・法令別分類：多くの法的義務を負っている企業の場合
　　　　例）○○法違反といったコンプライアンス問題も、法令や組織によって起こりやすさや結果は大きく異なります。

4）類似リスク

　リスクの特徴や対応手法が類似する場合や一つの事象から連鎖的に発生するリスクの場合は複数のリスクを一つにまとめて評価することも考えられます。

　　例1）労災事故と使用者賠償責任
　　　　起こりやすさや結果の大きさは異なりますが、打つべき対策が同じなので、一つのリスクとして統合することがあります。
　　例2）ＰＬ事故とリコール
　　　　会社の姿勢として「ＰＬ発生＝リコール」の場合、原因やリスク源も類似しているため、統合して一つのリスクとして評価し、対応を検討することがあります。

5）多部門のリスクの統合

　複数の部門や場所にまたがるリスクで、それぞれ分析結果が異なる場合、以下のような方法等でリスク量を統合して評価する必要があります。

　　①平均値：各部門の結果や起こりやすさの平均値を組織全体の評価とするため、簡便だが、各部門のギャップやユニークな評価が埋没する可能性があります。
　　②最頻値：最も回答数の多い結果や起こりやすさ、リスクレベルを組織全体の評価とするため、傾向は捉えやすいが、最頻値が複数ある場合の評価が困難となります。
　　③加重平均：各部門の評価に対して、部門ごとの特性（組織での位置づけや売上・投資額・利益等）や重要性によってウエイトを反映させて評価するため、ウエイトのかけ方の基準を明確にする必要があります。

２．優先順位の決定

リスク評価の最終的な目的はリスク対策を実施するための優先順位を決定することです。

基本的には予め設定したリスク基準（影響度やリスクレベル）に基づきますが、以下のような要素を考慮することで更に精度の高い優先順位付けが可能となります。

１）対策効果を考慮する

リスクの影響度だけではなく、大きな効果が期待できるリスクや自助努力で対策可能な内部リスクを優先することがあります。

２）全社的取組みの必要性

複数部門にまたがるリスクや部門横断的対応が要求されるリスク、部門別では弊害が出るリスクを優先することがあります。

３）世論や環境を考慮する

社会問題となったり、他社不祥事で大きく報道されているリスクは事故発生時の影響が一時的に大きくなる可能性があるため、優先順位を高めることがあります。

４）対策実施状況やリスク認知を考慮する

社内外の環境変化によって新しく発現したリスクは対策が不十分で社内の認識不足等も想定されるため、優先順位を上げて取り組むことがあります。

５）組織文化を考慮する

理念や方針、全社的な戦略やプロジェクトに関わるリスクは意思統一や横断的取組みがし易く、プラス成果を期待できるため優先順位が高くなることがあります。

保険代理店の役割

リスク評価の最終的な目的は組織として効果的・効率的なリスク対策を実施するために優先順位付けを行うことです。それを実現するために、リスク分析の結果のみならず、リスクの特徴を踏まえてリスクをプロットし、影響度に基づいた優先順位付けを行うと共に、そこに定性的な要因や実際のリスクコントロールの効果を考慮して最終的な優先順位を決定します。実際には対策の有効性を考慮したリスクコントロールマトリクス（図１参照）や一つのリスクを更に細分化したリスクマトリクス（図２参照）を使って、更に詳細なリスクの優先順位付けが行われることがあります。保険代理店は全社的な視点から正しい保険設計を行うためにも、適切な優先順位付けを支援し、リスク量に見合った保険提案を実施する必要があるでしょう。

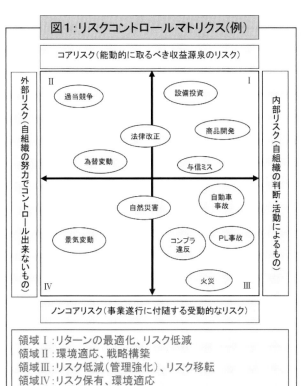

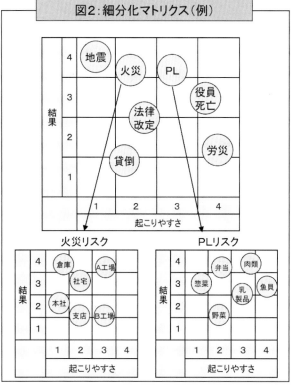

33 リスク対応① リスク対応の基礎

1．一般【5.5.1】

ISO31000 における「リスク対応」は、好ましいリスクに対する対応も含まれるためリスクを修正するプロセスと定義され、「管理策」は具体的なリスク対策を指します。

リスク対応の意義は、リスクに対処するための選択肢を選定し、実施することであり、以下にリスク対応のプロセスとリスク対応の選択肢について解説させて頂きます。

1）リスク対応の反復的プロセス

①リスク対応の選択肢の策定及び選定　②リスク対応の計画及び実施
③その対応の有効性の評価　④残留リスクが許容可能かどうかの判断
⑤許容できない場合は、更なる対応の実施

2）リスク対応の選択肢の選定（図の左端「リスク対応（ISO31000）」を参照）

最適なリスク対応の選択肢の選定には、目的の達成に関して得られる便益と、実施の費用、労力又は不利益との均衡をとることが含まれます。また、リスク対応の選択肢は、必ずしも相互に排他的なものではなく、全ての周辺状況に適切であるとは限りませんが、次の事項の一つ以上が含まれてもよいとされています。

a)リスク回避（リスクを生じさせる活動を開始又は継続しないと決定することによってリスクを回避する）
b)リスク選好（ある機会を追求するために、そのリスクを取る又は増加させる）
c)リスク源の除去
d)起こりやすさを変える
e)結果を変える
f)リスク共有（一つ以上の他者とそのリスクを共有する　※契約及びリスクファイナンシングを含む）
g)リスク保有（情報に基づいた意思決定によって、そのリスクを保有する）

2．リスク対応の整理（図の真ん中「リスク対応の整理」を参照）

ISO31000 においては、様々に分類されるリスク対応を包括した形で列挙していますが、保険代理店の立場で中小企業とリスク対応策を検討するに当たっては、リスク対応の方向性・効率性を考慮し、分かりやすく分類し、説明する必要があるため、ここでは以下のような考え方に基づいてリスク対応を整理・簡略化したいと思います。

1）基本的にはマイナス面を減少させることに焦点を当てた対応を検討する。
⇒上記ｄ）とe)の対応は「変える」ではなく、それぞれ「低減」「軽減」と表現する。
2）投機的リスクと業務的リスクとは分けて考える
⇒上記ｂ）のリスクは投機的リスクとして分けて対応を検討する。
3）リスクコントロールとリスクファイナンシングを分けて検討する。
⇒上記ｆ）とｇ）の対応はコントロールとファイナンシングに分けて検討する。

3．リスク対応策（図の右端「リスク対応策」を参照）

ここでは、様々なリスク対応策を説明していくにあたり、まずは業務的リスク（マイナス面しかもたらさないリスク）に対するリスクコントロールに焦点を当てて検討していくため、図２の「リスク対応の整理」（真ん中）及び「リスク対応策」（右端）の塗りつぶし項目について以下に説明します。

1）業務的リスクに対するリスクコントロール

①リスク回避：ISO31000 では、「ある特定のリスクにさらされないため、ある活動に参加しない又は活動から撤退するという情報に基づいた意思決定」と定義されていますが、対応策は「活動停止」「資産除去」の２つに分類されます。

②リスク低減：「ｄ）起こりやすさを変える」のマイナス面への対応
⇒対応策は「予防（防止）」に分類されます。

③リスク軽減：「e）結果を変える」のマイナス面への対応
⇒対応策は「軽減」「分散」「補完・予備」の３つに分類されます。

④リスク共有：「f)」のコントロール上の対応策で、
他社との間で、合意に基づいてリスクを共有することを含みます。

⇒対応策には契約による「移転」「共有」「統合」等が含まれます。
　　⑤リスク受容：「（ g ）」のコントロール上の対応策
　　　　　　　　⇒ISO31000では「ある特定のリスクにより起こり得る利益の恩恵又
　　　　　　　は損失の負担を受容すること」と定義されています。
　　２）リスク対応の留意点
　　　　・リスク対応の根拠は、組織の義務、任意のコミットメント及びステークホルダーの見解の全てを
　　　　　考慮に入れ、リスク対応の選択肢の選定は、組織の目的、リスク基準及び利用可能な資源に基づ
　　　　　いて行うことが求められます。
　　　　・リスク対応の選択肢を選定する際に、組織は、ステークホルダーの価値観、認知及び関与の可能性
　　　　　を考慮し、ステークホルダーとのコミュニケーション及び協議を行います。リスク対策の有効性は
　　　　　同じでも、ステークホルダーによってリスク対応策の受け入れやすさは異なることがあります。
　　　　・リスク対応は予想した結末を生まず、意図しない結果をもたらす可能性もあるため、様々な形態
　　　　　のリスク対応を有効にし、その有効性を維持するためには、モニタリング及びレビューをリスク
　　　　　対応の取組みの一部分とする必要があります。
　　　　・リスク対応が、新たなリスクをもたらす可能性があり、利用可能なリスク対応の選択肢がない場
　　　　　合、又はリスク対応の選択肢によってリスクが十分に変化しない場合は、そのリスクを記録し、
　　　　　継続的なレビューの対象とすることが望ましい。
　　　　・意思決定者及びその他のステークホルダーは、リスク対応後の残留リスクの性質及び程度を認識
　　　　　し、残留リスクは、文書化し、モニタリング及びレビューし、必要に応じて追加的対応の対象と
　　　　　することが望ましい。

保険代理店の役割

　保険代理店はファイナンシング対策の一つである保険を中心に対策を検討しますが、保険は事故発生後の財務的な補填を行うことしかできません。つまり、事故が発生した時点で企業の価値は減少するため、リスクをコントロールして保険はできる限り使わない方が良いのです。保険はリスク対策の一手段ですが、基本的には最後の手段であり、企業の社会的責任としてまず考える必要があるのは、いかにリスクをコントロールして事故を減らし、社会に対するマイナス影響を減らすことができるかということです。

　また、リスクコントロールによる事故減少は企業価値を高めると共に、保険への依存度を低下させ、保険の更なる効率化を推進することにつながります。保険代理店はリスクコントロールの支援を行うことで企業の社会的責任を果たすことを後押しすると共に、更なる保険の効率化を推進することが求められます。保険代理店が中小企業の支援者の立場でお客様との共通価値を実現していくためには、リスクコントロールも含めた総合提案を行い、リスクコストを最小化することで企業価値の向上を支援し、「事故が起きないから保険が要らない」と言える最善の状態を目指すことが必要です。

リスク対応の整理

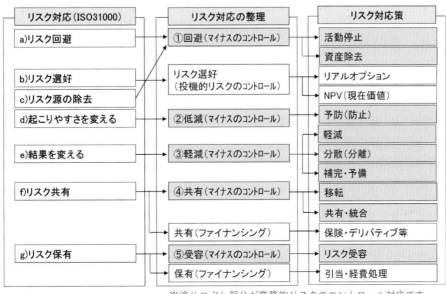

※塗りつぶし部分が業務的リスクのコントロール対応です。

1．リスク対応策の全体像

前章では ISO31000 の規格からリスク対応策を整理・分類しましたが、この章ではリスク対応策の機能に焦点を当てて再度分かりやすく整理・分類したいと思います。

具体的にはリスク対応を検討する上で、以下のように「戦略的リスク」への対応と「業務的リスク」への対応に分類した上で、リスク対応策を「リスクコントロール対策」と「リスクファイナンシング対策」に分けて説明したいと思います。

1）リスクの特徴による分類（図下部参照）

リスク対応策を検討する上では、以下のようにリスクを分類して検討します。

① 戦略的リスク（投機的リスク）対応

意思決定に関わるリスクであり、プラス面・マイナス面の両面を持つため、リスクを積極的に取りに行くという「リスク選好」の対応等も必要とされます。具体的には様々な「意思決定」や「先行投資」、「経営環境の変化」に関するリスク対応が含まれます。

② 業務的リスク対応

業務に付随して発生するリスクであり、基本的にはマイナス面のみを持つリスクとして分類され、いかにリスクのマイナス面を減少させるかというリスク対応が検討されます。

2）リスク対応策の分類（図上部参照）

リスク対応策は大きく「リスクコントロール対策」と「リスクファイナンシング対策」に分けられますが、それぞれ以下のような特徴を持ちます。

③ リスクコントロール対策

リスクが発生しないように「起こりやすさ」をコントロールする対策と損失を最小限に抑えるための「結果」をコントロールする対策に分けられます。社会に与える影響を最小限に抑えるのは企業の社会的責任であり、企業の品質や価値にも影響を与えるため、優先的に取り組むべき対策です。

④ リスクファイナンシング対策

リスクが顕在化した時の財務的な損失をカバーするための対策であり、企業の存続を支えるために必要不可欠な対策となりますが、事故を起こした後の事後的な対応となるケースが多く、財務的な補填に留まるため、最後の手段として活用する局面が多いと考えられます。

3）リスクコントロール対策（図左上参照）

リスクの「起こりやすさ」や「結果」を低減させるための取組みですが、それらの取組みはさらに事前対策と事後対策に分けられます。

⑤ 事前対策：事故が発生する前に実施する対策であり、リスク回避やリスク選好、リスク低減やリスク軽減、リスク共有やリスク保有等があります。

⑥ 事後対策：事故の発生後に発動し、結果を低減させる対策が中心であり、危機管理（クライシスマネジメント）や緊急時対策、BCP やクライシスコミュニケーション等も含まれます。

4）リスクファイナンシング対策（図右上参照）

リスクの顕在化で被った損失に対するファイナンシング対策は、2種類に分類されます。

⑦ 保有対策：自社の利益や自己資本においてリスクを保有したり、積立金や準備金、有税・無税の引当金等でリスクファンドを構築したり、資産を処分することでリスクに備える対策です。

⑧ 調達・移転対策：有事の際や有事に備えて銀行からの融資を受けたり、社債を発行したり、投資家からの出資等で対応する調達対策と保険や ART（代替的リスク移転手法）を使ってリスクを移転する対策があります。

2．リスク対応策検討の留意点

一つのリスクへの対応策及び管理策には様々なものがありますが、それらは相互に影響を与え合うことになります。具体的に対応策を検討する際には以下のような点に留意する必要があります。

1）検討の優先順位

一つのリスクに対する対応策検討の優先順位は、まずは事故を起こさない環境を作り、損失を最小化するリスクコントロールを検討し、残留リスクに対して、自社の財務力やリスクファンドでの対応を検討し、保有できないリスクについて最終的な手段として調達・移転対策を検討します。

2）相互の関連性

一つのリスクに対する対応策は相互に関連性を持っています。具体的にはリスクコントロール対策の充実がファイナンス対策の必要性や保険への依存度を低下させ、保有対策の充実は調達・移転対策への依存度を低下させます。逆に保険への過度な依存はリスクコントロールを緩めることに繋がるため、どの対策がリスクコスト（リスクに対する費用の総額）の最小化に繋がるかが対策選定の一つの基準となります。

３）対策実施の優先順位

リスク対策には即効性がある対策と時間が掛かる対策があり、リスク対策の効果が明確なものと不明確なものがあるため、それによって実施の優先順位が変わることがあります。具体的には移転対策の保険は保険料を支払った段階ですぐに機能し、確実にコスト化が可能であるため、対策実施の優先順位は高いと考えられます。一方で、保有対策やリスクコントロール対策は時間が掛かり、対策効果についても明確に測定することが困難であるため、慎重に対策を進めることが重要です。

３．リスク対応計画の準備及び実施【6.5.3】

１）対応計画の意義

対応計画の意義は、リスクマネジメントに関与する人々がリスク対応に関する取決めを理解し、計画に照らして進捗状況をモニタリングできるように、選定した対応の選択肢をどのように実施するかを規定することです。

そのため対応計画には、リスク対応を実施する順序を明記し、適切なステークホルダーと協議の上で、組織の経営計画及びプロセスに統合することが求められます。

２）対応計画で提供される情報には、次の事項を含めることが望ましい

・期待される取得便益を含めた、対応選択肢の選定の理由
・計画の承認及び実施に関してアカウンタビリティ及び責任をもつ人
・提案された活動　　　　　　　・不測の事態への対応を含む、必要とされる資源
・パフォーマンスの尺度　　　　・制約要因
・必要な報告及びモニタリング　・活動が実行され、完了することが予想される時期

保険代理店の役割

保険の商品知識を学ぶことで、数ある保険商品の中から最適なものを選ぶ能力は高まるかもしれませんが、数あるリスク対応策の中から最適な対応策を検討し、その対応策の機能に基づいた保険の最適設計を検討することはできません。保険は手段であり、お客様を守ることが目的と考える代理店においては、一つのリスクに対して保険以外の対策についても考慮した上で保険提案を行うノウハウが求められます。これからの代理店は、リスク対応策の全体像から保険を考えることが非常に重要であり、そういった考え方が適切な保険提案を可能するだけではなく、保険代理店のレベルやステイタスを高めていくことに繋がります。

図：リスク対応策の全体像

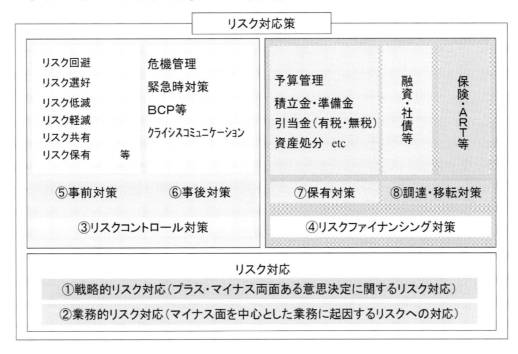

1．リスクコントロール対策

リスクコントロール対策は、事故が起こる前に実施する「事前対策」と事故発生後に損失を最小化するために実施する「事後対策」に大きく分けられます。2つの対策の明確な線引きは難しいのですが、ここでは対策の具体的な実施が事故発生前であるか否かによって分けて考えたいと思います。

2．事前対策（図参照）

事前対策にも様々な分類の仕方がありますが、ここでは対策の機能に着目して大きく6つに分類したいと思います。具体的には「リスク回避」「リスク選好」「リスク低減」「リスク軽減」「リスク共有」「リスク受容」の6つが考えられますが、この分類についても全てに明確な線引きができる訳ではなく、具体的な対策やリスクの特徴によって重なり合う部分や、対策が他のリスクに影響を与える場合も存在します。具体的には起こりやすさの低減対策が結果として一定期間内における結果（損失）の軽減に繋がることや、特定の対策の実施によって他のリスクが増加すること等が考えられますが、ここではあくまでも直接的な対策機能に焦点を合わせて分類を行っていきたいと思います。

3．リスク回避

リスク回避は「ある特定のリスクにさらされないため、ある活動に参画しない又は活動から撤退するという、情報に基づいた意思決定」と定義されています。リスク回避はリスク評価の結果及び法律上・規制上の義務に基づく場合があり、大きく2つの対策が考えられます。一般的にはリスクマトリクスの「Ⅰ」に分類されるリスクに適した対応となります。（図参照）

1）活動停止

リスクを伴う活動を停止することによってリスクの起こりやすさを回避する対策であり、以下のような具体例が挙げられます。

・海外への輸出はPLリスクが高いため海外への輸出を中止する
・営業中の自動車事故が多いため、自動車での営業を禁止する
・貸倒の危険性が高まった取引先との取引を辞めてしまう
・リスクが大きく、成功確率の低い投資は行わない
・競争環境やマーケット環境が変わりやすい事業から撤退する

2）資産除去

リスクの顕在化によって影響を受ける資産やステークホルダー等を除去することで事故による損失を回避する対策であり、以下のような具体例が挙げられます。

・地震リスクを考えて自社ビルを持たず賃貸を選択する
・貸倒リスクを回避するために売上債権をなくし、現金取引のみに切り替える
・危険な業務に従業員を従事させない代わりに機械を導入する
・在庫リスクを無くすために在庫を持たない受注生産に切り替える
・株主にマイナス影響を与えないために、株式を全部買い取る
※リスク回避対策はリスクがゼロになるという利点はありますが、実際には実施をすることに困難が伴うことも多く、現実的ではないケースも想定されます。

4．リスク選好

リスク選好は「組織に追求する又は保有する意思があるリスクの量及び種類」と定義付けされています。つまり、リスク選好とは、将来の利益や発展のために、敢えて積極的にリスクを取りに行く活動や、一定の量や種類のリスクを保有すると戦略的に決定する以下のような対応を指します。

・競争環境の激化に備えて新商品開発の先行投資を行う
・国内市場の縮小を受けて、海外進出を行う
・ハイリスクハイリターンの投資を積極的に行う
・環境変化に迅速に対応するためにジョブ型雇用に切り替える
・経常利益の30%までのリスクは積極的に受け入れる
・1,000万円を下回るリスクについては積極的に受け入れる

なお、リスク選好と似た言葉にリスク保有やリスク受容がありますが、それらが受け身的な対応で

あるのに対して、リスク選好は戦略的にリスクを受け入れるという能動的な取組みである点が異なります。また、リスク許容度については、「自らの目的を達成するため、リスク対応後のリスクを負う組織又はステークホルダーの用意している程度」と定義されますが、リスク選好が組織全体の戦略に基づく全社的な指標であるのに対して、リスク許容度はどれだけリスクに耐えられるかという指標となります。

５．リスク低減

　リスク低減は、事象の起こりやすさに影響を与えるリスク源にアプローチすることによって起こりやすさを下げる取組みであり、一般的には「予防」が考えられ、リスクマトリクスの「Ⅰ」「Ⅲ」のリスクに適した対応となります。（図参照）

１）予防対策

　　対策を事前に打つことによって社内不正や事件・事故、ヒューマンエラー等を防止する取組みです。

・定期点検を充実させることによって不稼働事故等を減少させる
・マニュアルを整備することによってうっかりした間違いを減らす
・弁護士に契約内容を確認してもらうことで取引先とのトラブルを未然に防ぐ
・セキュリティ装置を付けることで個人情報の漏えいを防ぐ
・教育研修を充実させることでコンプライアンス違反を減らす

※リスクによっては起こりやすさを下げることが一定期間内における損失の大きさを減少させることもあります。具体的には、20回/年の頻度で発生する100万/1事故のリスクを10回/年に減らせば損失を2,000万から1,000万に減らすこととなります。

保険代理店の役割

　保険代理店は保険という金融商品を販売していますが、保険はリスクマネジメントの手段であり、他の対策とのバランスの中で最適な提案が実現するものです。そのため、リスクコントロールの提案を加えることで保険提案の幅が非常に大きく広がることになります。

　具体的には回避対策の提案によって、リスクをゼロにすることができるのであれば、保険を辞めてしまうという選択肢を与えることが可能になり、企業にとって最も理想的な形を提供することができますし、起こりやすさを下げる提案によって事故が少なくなれば、企業価値を高めるだけではなく、保険をより効率的に活用することも可能となります。

リスクコントロール対策

事前対策	
回避	：リスクを伴う事業活動を停止
選好	：リスクを積極的に取りに行く
低減	：起こりやすさを下げる
軽減	：結果（損失額）を下げる
共有	：他者とリスクを共有する
受容	：小さなリスクを受け入れる

リスク回避

回避対策は、唯一リスクをゼロに出来る可能性のある対策であり、「Ⅰ」のリスクに適した対策と考えられます。回避対策は実施に困難を伴う事が多いですが、確実に効果が発揮されます。

・活動停止：リスクを伴う活動を辞める事でリスクの発生を回避します。
・資産除去：被害を受ける対象領域を除去する事で損失を回避します。

リスク選好

選好対策とは、ある機会を追求するためにリスクを取る又は増加させることです。
・選好対策：環境変化やリスクに対応する為に、リスクを取る戦略に基づいた対策です。

リスク低減

低減対策とは、リスクの起こりやすさを下げる取組であり、「Ⅰ」及び「Ⅲ」のリスクに適した対策と考えられます。リスクの軽減（損失の減少）に繋がることもあります。
・予防対策：事前の対策で不正や事故、ヒューマンエラー等の発生を防止します。

　前章では、リスクコントロール対策の事前対策のうち、「リスク回避」と「リスク選好」「リスク低減」について説明させて頂きましたが、続いて結果としての損失の大きさを抑えるための「リスク軽減」、自社への影響を制限する「リスク共有」、影響の少ないリスクを受け入れる「リスク受容」の3つの対策について説明させて頂きます。

1．リスク軽減

　リスク軽減とは、事前の対策によって損失額を抑えるという取組みであり、結果の大きさに影響を与えるリスク源にアプローチすることによって効果的・効率的な対策を実施することが重要です。
　リスク軽減対策は一般的にはリスクマトリクスの「Ⅰ」「Ⅱ」のリスクに適した対策といえますが、大きく「軽減」「分散」「補完・予備」の3つに分けることができます。

1）軽減対策
　設備の設置や業務フロー等の改善を通して、事故時の損失を小さくする取組みです。
- ・スプリンクラーや防火壁を設置することで延焼を最小限に食い止める
- ・緊急地震速報を設置することで従業員の生存確率を高める
- ・ヘルメットや安全靴の着用を徹底することで大きな怪我から守る
- ・リコールに備えて新製品の販路及び生産台数を限定しておく
- ・交通事故に備えてシャトルバスの乗車人員に上限を設ける

2）分散対策
　1事故当たりの損失額を小さくするために、資産やノウハウ、影響を与えるステークホルダー等を分散しておくことです。
- ・倉庫火災に備えて、商品在庫を2か所の倉庫に分けて保管しておく
- ・震災に備えて生産拠点を複数に分散し、最低限の生産性を維持する
- ・社長と専務が別の飛行機に搭乗することで意思決定者の不在状況を避ける
- ・販売先や仕入れ先を分散しておくことで最低限の生産性や売上を確保する
- ・天候や事故などに備えて複数の輸送手段（空路と陸路等）を兼用する

3）補完・予備対策
　経営資源（人員・財物・ノウハウ・仕組等）の欠如による損失を防ぐために予め代替となる経営資源を予備として備えておくことです。
- ・データの変造・破損・盗難に備えてバックアップを取っておく
- ・突然の人材の不足及び欠如に備えて業務をローテーションしておく
- ・地震等による電気供給のストップに備えて予備発電機を備えておく
- ・サプライチェーンに寸断に備えて、材料や在庫を確保しておく
- ・天災による食糧難に備えて非常食を備えておく

2．リスク共有

　リスク共有は、「他社との間で、合意に基づいてリスクを分散することを含むリスク対応の形態」と定義されており、法律又は規制の要求事項によって、リスク共有が制約、禁止又は強制されることがあります。リスク移転も、共有の一つの形態であり、保険又は他の契約によって実行されることがありますが、リスク対策の効果は共有に関する取り決めの信頼性や明瞭性によって決まることがあります（保険は別途ファイナンシング対策で説明をさせて頂きます）。リスク共有はリスク軽減と違い、全体としての損失額や影響自体は小さくなりませんが、他社と共有することで、自社の被る影響が小さくなる取組みです。

1）移転対策
　リスクを契約等によって他社と共有したり、相互にリスクを補完し合う取組みです。
- ・初めて請け負う危険な作業を専門業者に委託する
- ・求償権付きの契約により、PL事故等の損失を部品メーカーに移転する
- ・就業規則等の定めによって従業員に損失の一部を移転する
- ・施設内における事故や盗難について責任を負わない旨を定め、掲示する
- ・契約によって地震で被災した場合の代替生産を他社に行ってもらう

２）統合対策

　　合併・提携等によって利益や自己資本を拡充したり、ブランドを高めて競争力をつけること
でリスクの自社への影響度を下げる取組みです。

・事業協同組合を結成し、仕入れコストを削減してインフレに対応する
・企業合併をすることで、財務と資産の拡充を図り余力をつける
・業務提携や資本提携によりノウハウや財務力を拡充する
・戦略的な提携によってブランドを共有することで、競争激化に備える
・巨額の先行投資を他社と共同で行うことで失敗によるマイナス影響を小さくする

３．リスク受容

　リスク受容とは、「ある特定のリスクを取るという情報に基づいた意思決定」と定義されており、
損失額のみならず企業倫理の視点から受容すべきか否かを判断することが重要であり、受容されたリ
スクについてもリスク変動に備えて継続的に監視し、モニタリング及びレビューの対象とすることが
重要です。

・安全性の高い事業所については、あえて労災対策を取らない
・単価が低く、優良企業との取引が多いため与信管理を行わない
・地盤が固く、資産が少ないため耐震補強等の震災対策は行わない
・センシティブ情報を取り扱わないため、情報漏洩対策を行わない
・海外との取引が少ないため、為替リスクの対策は取らない

保険代理店の役割

　前章でも同様のお話をしましたが、リスクコントロールと保険設計には密接な関係があるため、リ
スク対策の全体像の中から最適な保険設計を考えることが必要です。実際に保険代理店の社会貢献を
考えた場合、いたずらに保険にリスク移転をすることは事故防止のインセンティブが薄れ、事故を増
やす可能性も否定できません。保険料削減のインセンティブを利用しながら、リスクをコントロール
し、事故の発生や損失額の軽減を図ることが社会にとって非常に意義のあることであり、それによっ
て保険への依存度を低下させ、企業価値を高めるということを忘れてはならないと思います。損失額
の減少は保険の必要性と直結し、保険を掛けないという選択肢を与えますし、積極的にリスクを受容
するという姿勢が保険を掛けないもしくは高額免責を設定するといった提案に繋がります。リスクコ
ントロールは保険への依存度を大きく左右し、保険設計や保険効率化に影響を与えるため、総合的な
提案が求められます。

リスクコントロール対策

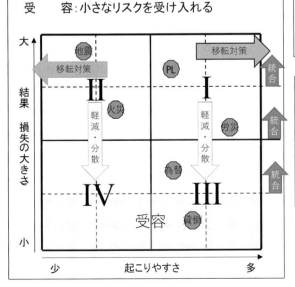

事前対策

回 選	避：リスクを伴う事業活動を停止
	好：リスクを積極的に取りに行く
低 軽	減：起こりやすさを下げる
	減：結果（損失額）を下げる
共 受	有：他者とリスクを共有する
	容：小さなリスクを受け入れる

リスク軽減

リスク軽減は損失額を低下させる取り組みであ
り、「Ⅰ」及び「Ⅱ」のリスクに適した対策です。

・軽減対策：設備の設置や業務フロー等の改善
　　　　　　を通して、損失額を低下させます。
・分散対策：ステークホルダや資産等の分散で1
　　　　　　事故当たりの損失を低下させます。
・補完予備：経営資源（物質・人員・手段等）の
　　　　　　不足を補う代替手段を準備します。

リスク共有

他社との合意に基づいてリスクを共有する事で
あり、自社への影響を低下させる取り組みです。

・移転対策：契約等によってリスクを他社に移転
　　　　　　したり、共有する取組です。
・統合対策：他社との合併や提携を通して財務
　　　　　　力や競争力を高める取組です。

リスク受容

影響の少ないリスクに対して特別な対策を取ら
ずに、受け入れること。

　この章では、リスクコントロール対策の事後対策について解説をさせて頂きます。事前対策をどれだけ行ってもリスクをゼロにするのは難しいため、有事に備えた事後対策が必要となってきます。

１．事後対策の必要性

　事後対策は、主として以下の４つの理由で企業において必要不可欠な取組みです。
- ・事前対策の限界：リスクコントロール対策における限界を認識した上で、リスクが顕在化した場合の対応について検討しておくことが求められます。
- ・損失の最小化　：リスクが顕在化したことによる損失を最小化するためには、いかに素早く対応し、事態を収束させるかに掛かっているため、事故の発生及び状況を素早く意思決定者に伝達し、対応することが求められます。
- ・企業姿勢の明示：有事の際の対応いかんによって、企業の評価が大きく左右されます。事故時の対応が悪ければ大きくブランドを汚すことになりますし、逆に事故や不祥事を起こしても、その後の対応によってブランドを上げることもありますので、有事の際の対応の準備は非常に重要です。
- ・業務プロセスの激変：有事の際には、顕在化したリスクによって、対応すべき部署や責任者が異なりますし、指揮命令系統も各部署の行う業務も激変することから、予めルールや体制を決定しておくことが必要です。

２．事後対策の手順

　リスク顕在後の事後対策は、大きく以下の「対策準備」「緊急時対策」「復旧対策」の３つの手順に基づいて進められます。

① **対策準備**：リスク顕在化前の平常時に行う対策で、以下のような取組みがあります。
- ・危機管理マニュアルの策定
　　組織は、有事に備えた緊急時対策として、緊急時対応の発動及び終了、組織の内部及び外部の機関との協力関係、組織の内外への連絡等を含む具体的対応策を予め検討し、マニュアルを策定することが必要です。
- ・緊急時の教育・訓練の実施
　　緊急時における対応力の向上、社内での意識醸成、知見・知識の向上、現状の問題点の明確化を目的として、緊急時の教育・訓練を実習・セミナーのみならず、実動訓練やシミュレーショントレーニング、メディアトレーニング等の形態で実施することが必要です。
- ・緊急連絡体制の構築
　　緊急事態はいつ発生するか分かりませんが、情報が責任者にいち早く伝わることが必要であり、その情報伝達のスピードが致命的な損失の発生を左右するため、事前の緊急連絡網の整備と共に、平時からそれらを活用することが求められます。
- ・緊急時組織の構築
　　リスクの顕在化に際し、情報を漏らさず速やかに集め、状況の把握を行い、責任者の判断に基づいて対応方針を決定し、適切な対応をするために、平常時から緊急時実行組織を遅滞なく編成する手順及びその実行責任者や、危機管理室の設置場所や必要な備品などを決めておくことが求められます。

② **緊急時対策**：リスクが顕在化した場合は、対策準備において決められた緊急連絡体制で情報を収集し、マニュアルに基づいて緊急時組織を組成し、危機管理室を設置すると共に、以下の機能を発揮することが求められます。
- ・情報機能：緊急事態に関連する情報（緊急事態の現状及び対応状況に関する情報、組織の活動再開に関する情報）は、センシティブな情報を多く含むため、情報担当が一元的に収集・管理・発信する必要があります。
- ・分析・評価機能：収集した情報及び危機管理マニュアルに基づいて、社会や自社への影響を想定し、対応策の立案、選択及び対策の優先順位付けを行います。

・対応機能：責任者の判断に基づいて、必要な資機材、要員及び資金の調達を行うと共に、被害を最小
　　　　　　化するための直接的対応や被害者対応のみならず、監督官庁等への届け出や、後方支援や
　　　　　　外部への応援要請を踏まえた取引先や消費者、組織内への対応が求められます。
・広報機能：緊急事態に関する組織内外への発表に当たっては、組織の見解として一元的に行うことが
　　　　　　必要です。

③ **復旧対策**：リスクの顕在化に伴う緊急事態からの脱却後は、以下の復旧対策が求められます。
・復旧時対応：メディアに対して改善点や再発防止策などを積極的に打ち出すと共に、組織内には一連
　　　　　　　のリスク顕在化への謝罪を行い、対応についての感謝の意を伝えると共に、低下したモ
　　　　　　　チベーションを高めるために、復旧対策を具体的に示して、協力を要請することが必要
　　　　　　　です。
・再発防止策：再発防止策は全社レベルで事前対策・事後対策共に検証すると共に、組織風土の問題も
　　　　　　　含めて検討し、社内外に開示することが求められます。

３．事業継続計画（ＢＣＰ）

　BCP とは事業の中断・阻害に対応し、事業を復旧し、再開し、予め定めたレベルに回復するように組織を導く文書化された手順のことです。この計画は重要業務の継続を確実にするために必要な資源、サービス及び活動を対象とし、組織の事業継続の取組全体に対して策定されます。BCP については、ISO22301 事業継続マネジメントシステムとして規格化され、認証規格となっています。

４．ジギョケイについて

　ジギョケイとは事業継続力強化計画の略称であり、自然災害や感染症に備え、防災減災のための事前対策に関する計画です。この計画を策定し、国の認定を受けることにより認定ロゴマークを取得できると共に、補助金の優遇措置などのメリットを受けることが可能です。

保険代理店の役割

　保険代理店はまずは自社が有事の際にしっかりと顧客対応を行うために、危機管理態勢を整える必要があります。特に自然災害等によって地域の既存顧客の多くに被害が及んだ際のために、BCP の策定やジギョケイの認証取得を行い、有事の際に自社が早期に復旧し、お客様対応に当たれる体制を構築する必要があります。そして、それと同時に地域の企業に対してジギョケイの認定取得や BCP の策定支援を行うことが求められます。単に保険を販売するのではなく、地域社会を守るリスクマネジャーとしての存在となるためには、これらの活動を本業と位置付けて取り組むことが求められますし、しっかりとした対策を行うことによって保険の効率化のみならず企業価値の向上を実現することが可能になります。

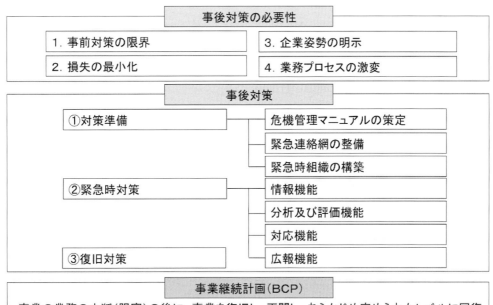

38 リスク対応⑥ リスクファイナンシング① 全体像

1．リスクファイナンシングとは？

　リスクファイナンシングとは、損害発生に伴う経済的損失を補填するための資金繰り手法ですが、この章ではリスクファイナンシング対策の全体像について解説をさせて頂きます。リスク対策の優先順位は当然リスクコントロール対策となりますが、リスクをゼロにはできないため、企業は適切なリスクファイナンシング対策を取ることによって、財務力を高めると共に、財務的な影響を保険等でカバーすることによって、存続していく必要があります。

1）リスクファイナンシングの4つのステップ

　　　リスクファイナンシングの基本的なステップは以下の4つとなります。

　　　①利益（P/L対策）：最初の財務のダムは利益であり、利益が大きいほど、吸収できるリスクが大きくなるため、強い財務力を確保できます。

　　　②純資産（B/S対策）：利益を超えるリスクに対応するのは純資産（自己資本）です。利益の蓄積である自己資本を拡充するほど、リスクに強くなります。

　　　③資金調達力：利益も純資産も超えるリスクについては、資金調達力で予め資金を調達したり、調達の予約等をしておくことが必要です。

　　　④保険調達力：有事の際の巨額な損害については、最終的に保険等を活用することによってリスクを移転することが必要です。

　　※以後は、上記の4つのステップのうち、①の利益と②の純資産でリスクを吸収する対策のことを保有対策、③の資金調達力使った対策を調達対策、④の保険調達力を生かした対策を移転対策として解説していきます。

2）リスクファイナンシングの留意点

　　　基本的なファイナンスの優先順位としては、保有対策が優先し、調達・移転対策は最後の手段として活用することが多いですが、それは以下の理由によります。

　　　①　他人依存：利益と純資産でリスクが吸収できれば、様々な意思決定を独自で行うことが可能ですが、資金調達や保険調達は他人依存の対策であり、銀行や保険会社の意思決定に委ねる必要があります。具体的には、先行投資もリスクを保有できれば、すぐに判断ができますが、融資が必要となると、銀行に意思決定を委ねる必要があります。また、製品を販売する場合も、ＰＬリスクを保有できればすぐに販売できますが、保険が必要となると保険会社の承認が必要となります。さらに、他人依存のリスク対策は永続的ではありません。保険事故が多発すると断られる可能性があり、リスクだけが残って保険という最後の手段を失う可能性があるため、その辺りのリスクを踏まえた活用が求められます。

　　　②　相乗効果：利益と純資産が厚くなることによって、企業の安定性が増すため、資金調達力が高まり、安い金利で多額の資金を調達したり、有事の際の融資予約が可能になります。また、利益と純資産でカバーできる範疇が大きくなることによって、保有できるリスクが増加し、免責金額の設定も可能となるため、保険への依存度を低下させ、も効率化することがされ、最適なポートフォリオの構築が可能になります。

2．リスクファイナンシング対策の種類と特徴について

　リスクファイナンシング対策は大きく保有対策と調達対策と移転対策に分けられますが、その具体的対策と特徴について解説をさせて頂きます。

1）保有対策：企業（グループ）内で損失を負担する自己金融

　　・対策：経費処理（予算の範囲の中で、経費として損失を処理するもの）

　　　　　　引当金・準備金（リスクに対して予め経費で処理し、負債として計上するもの）

　　　　　　自家保険（リスクに対するファンドを自己資本の中に蓄積するもの）

　　　　　　資産処分（所有する有価証券や知的財産、建物や土地等の資産を資金化するもの）

　　・特徴：柔軟性（資金があればあらゆるリスクに対応が可能となる）

　　　　　　時間軸（リスクに対して十分な対策を打つのに時間が掛かるケースが多い）

　　　　　　危険性（損失額の予測を誤ると、対応できない可能性がある）

　　　　　　メリット（利益・自己資本の拡充に繋がり、調達・移転対策の効率化に繋がる）

２）調達対策：返済や負債・資本増加を伴う第三者からの資金調達
  ・対策：融資（銀行等の金融機関から審査を受けて、負債として資金を調達する）
      増資（新規に株式を発行し、自己資本を拡充して資金を調達する）
      社債（償還期限を決めて社債発行することで資金を調達する）
      クレジットライン（将来の資金不足に備えて融資予約を行う）
  ・特徴：柔軟性（あらゆるリスクに対応が可能である）
      厳格性（安定的な経営基盤と財務力、確実な返済能力が求められる）
      危険性（組織の安定性を損なわせる負債が増加することになる）
      不確実性（有事の資金調達は損失額や存続可能性に左右される）
３）移転対策：契約により第三者に損失を負担してもらうもの
  ・対策：保険（保険会社に保険を引き受けてもらい、リスクを移転する）
      証券化（リスクを証券化し、引き受けてもらうことで資金を準備する）
      デリバティブ（金融派生商品を活用してリスクを移転する）
      ファイナイト（時間的なリスク分散を図り、タイミングリスクを移転する）
  ・特徴：限定性（原則として特定のリスクにしか対応ができない）
      即効性（保険料等を支払うことですぐに対策を打つことが可能である）
      確実性（保険料等の形で確実にリスクをコスト化することが可能）
      安定性（事故が増加すると引き受けが制限され、拒絶される場合がある）

保険代理店の役割

　保険代理店は保険という金融商品を専門に扱っていますが、企業の財務を守る手段は保険だけではありませんし、どこまでその企業が財務的に保有できるのか？　あるいはどこまで財務戦略的にリスクを保有する覚悟があるのかによって、保険設計は大きく変わってきます。また、リスクの規模・特性によっては、保険以外の資金調達方法の方が効果的・効率的であるケースもありますし、企業の規模・特性に応じても有効なファイナンシング対策は異なるため、保険代理店は保険以外のファイナンシング対策についてもある程度は理解することが求められます。保険はファイナンシング対策の中でも最後の手段であるという認識に基づいて、最適な保険設計を検討することが重要です。

リスクファイナンシングとは？

リスクファイナンシングとは？

損害発生に伴う経済的損失を補填するための資金繰り手法であり、主に以下の4つの視点から検討。

| ①利益（P／L対策） | ③資金調達力 |
| ②純資産（B／S対策） | ④保険調達力 |

	具体的対策	特徴
保有	企業（グループ）内で損失を負担する自己金融 ①経費処理（予算管理） ②引当金・準備金 ③自家保険 ④資産処分	・あらゆるリスクに対応出来る ・対策を打つのに時間がかかる ・予測を誤ると対応出来ない可能性がある ・利益・自己資本の拡充に繋がる ・調達・移転対策の効率化をもたらす
調達	返済や資産減少を伴う第三者からの資金調達 ①銀行融資等 ③増資 ④社債発行 ⑤クレジットライン等	・あらゆるリスクに対応出来る ・対策の実行に制限がある ・組織の安定性を減少させる（負債が増加する。） ・安定的な経営基盤があることが前提となる ・有事の際の損失額や存続可能性に左右される
移転	契約により第三者に損失を負担してもらうもの ①保険（損害保険・生命保険） ②リスクの証券化 ③デリバティブ（オプションン等） ④ファイナイト	・特定のリスクにしか対応出来ない ・直ぐに対策が打てる ・保険料と言う形で確実のコスト化がしやすい ・リスク量が多い場合は引き受けが難しい ・大きなリスクに対応出来る

1．保有とは？

　リスク保有とは損失を自社及び自社グループ内で保有する自己金融のことです。具体的には将来発生する可能性があるリスクに対して財務的な蓄えを行ったり、事後的に発生した損失を受け入れたりすることによってリスクへの財務的対応を行うことを言いますが、大きく以下の2種類に分けられます。
- ・積極的保有：能動的にリスクを保有したり、自己資金の積み立て等によって損失に備えること
- ・消極的保有：不注意によってリスクの存在に気付かなかったり、リスクの大きさを誤解し、保険を掛けなかった結果として保有せざるを得ないもの

2．保有の留意点

　適切な保険設計の前提条件は保有限度額を知り、保有額を決定することから始まります。つまり、保険は財務的にリスクが保有できない、財務戦略としてリスクを保有しないという判断から必要性が顕在化しますが、保有の概念を保険提案に生かすには以下のような留意事項があります。
- 　1）保有可能額の基準：保有額の決定に影響を与える要素
  - ・財務基準（安定的な利益と財務の健全性の確保のための基準）
  - ・金融機関の要求（銀行融資に関する財務制限条項の充足等）
  - ・証券取引法（上場会社の投資家保護のために適時開示基準等）
- 　2）企業実態の把握：決算書には全ての資産が載っている訳でもなく、企業の全ての実態を表している訳でもないことを理解する。
  - ・資産：ブランドや人材、ノウハウや企業文化等は決算書に載らない重要な資源です。
  - ・負債：中小企業の決算書には、退職給付債務やリース資産等は無い場合があります。
- 　3）副次的効果の考慮：リスク保有には以下のような副次的効果もあることを考慮する。
  - ・コントロール機能の向上：保険への依存はリスクコントロール活動を低下させる可能性があり、リスク保有はリスクコントロール機能の向上に繋がります。
  - ・ファイナンシングの効率化：財務力を蓄え、保有能力が向上することによって、資金調達力や保険調達力等の他のリスク対策への依存度が減少し、より効率的なリスクファイナンシングが可能になります。

3．財務力による保有対策

　企業の利益や自己資本によってリスクを吸収するのが、保有対策ですが、保有するリスクの大きさによって損益計算書上における対応と、貸借対照表上における対応とに分かれます。
- 　1）損益計算書での対応
  - 　　単年度の利益の範囲で収まるリスクに対して、費用や損失として対応するものです。
  - ・予算管理：損益計算書上の対応として、単純に発生した損失を経費処理する消極的保有ではなく、起こりやすく、把握可能な少額のリスクで、予め発生が予想される損失に対して、経営計画の中で予算組をする積極的保有対策であり、予算内に損失を抑えるために事故情報を蓄積し、事故を防止する取組みも要求されます。
    - 　例1）車の修理代や少額の福利厚生費用
    - 　例2）商品の紛失や原材料の破損額等
    - 　※経費（コスト）と損失（ロス）を区別する
  - ・免責設定：自社の財務力でリスクを保有できる場合には、積極的に保有する意識を持ち、保険に免責を設定することで効率的な保険活用が可能となります。
    - 　例1）車両保険に20万円の免責を設定⇒低額損失の保有で事故を減少させる
    - 　例2）一定額を上限に限度額設定を行う⇒起きえないリスクは保有する
- 　2）貸借対照表での対応
  - 　　単年度の利益を超えるようなリスクに対して負債や自己資本で対応するものです。
  - ・引当金　：4つの要件を全て満たす事象が存在する場合は、その事象に対応する費用を認識するために、「引当金」を計上することが可能です。4要件とは、①将来の特定の費用又は損失であり、②起因事象が当期以前に存在し、③発生の可能性が高い

費用または損失で、④金額の合理的な見積もりが可能であることの４つです。
- 自家保険：予め予測した損害額に対応したファンドを税引後利益の中から任意積立金として内部留保し、自己資本を拡充することでリスクに備えることです。

  メリットは、財務強化とリスク対策が同時に行え、資金調達力のアップに繋がることですが、デメリットは、税効果が期待できないことや、リスクの想定を誤ると財務毀損が大きいこと、利益の計上が前提であること等が挙げられます。なお、運用に際しては、他の資本との色分けや取り崩しのルールの明確化等が必要です。

４．金融商品による保有対策

　保有対策は、基本的には有税になるため、生命保険等の金融商品を活用して効率的に資金を確保することが重要です。ここでは、生命保険とセーフティ共済について少し説明させて頂きます。
- 生命保険：生命保険を活用しながら、リスクの保有ファンドを構築します。代表者や役員を被保険者とした生命保険を活用するのが一般的です。

  活用するメリットとしては、商品によっては、税効果が期待でき、死亡保険等の補償が手に入ると共に、役員退職金（死亡退職金）等の源泉となり、商品によっては借入が可能なケースもあります。

  しかし、役員退職金規程等の根拠規程や、株主総会の決議等が必要となるケースもありますので、注意が必要です。なお、従業員退職金は確定債務となるため、リスクファンドとしては不適切と考えられます。
- セーフティ共済：取引先事業者が倒産し、売掛金等が回収困難になった場合、貸付が受けられる共済制度で、有事の資金繰りをバックアップします。

  メリットは、全額が損金として計上でき、貸倒リスク及び他のリスクが顕在化した場合の融資予約としての機能があり、解約の場合は解約手当金が払われることです。

  活用の留意点としては、加入できる事業者が限定されており、１年以内に解約すると返戻金がないことや、毎月の掛け金に限度があることが挙げられます。

保険代理店の役割

　保有という考え方を理解し、保険提案に保有という視点を入れるだけで、提案レベルは大きく変わります。しかし、そのためにはどこまでリスクが保有できるのかを決算書等からしっかりと導くと共に、戦略的にどこまでリスクを保有するかについて、リターンを意識しながら経営者とコミュニケーションを取ることが必要であり、そこには保険の知識だけではなく、財務や経営に関する見識が求められます。しかしながら、これからの顧客本位の提案を行っていく上では、保有という選択肢をしっかりと提案の中に盛り込むことは必須であり、継続的・発展的な経営を支援するために、保有という観点から経営者に意思決定をして頂けるようにするのが保険代理店の使命となってくるでしょう。

リスク保有とは？
リスク保有とは損失を自社及び自社グループ内で保有する自己金融の事です。具体的には事後的に発生した損失を受け入れたり、将来発生する可能性があるリスクに対して財務的な蓄えを行うことによってリスクへの財務的対応を行うことを言います。

財務力による保有

損益計算書での対応
単年度の利益の範囲で収まるリスクに対して、費用や損失として対応するものです。

| 予算管理 | 免責設定 |

貸借対照表での対応
単年度の利益を超えるようなリスクに対して負債や自己資本で対応するものです。

| 引当金 | 自家保険 |

金融商品での保有

生命保険
生命保険を活用しながら、リスクの保有ファンドを構築します。代表者や役員を被保険者とした生命保険を活用するのが一般的です。

セーフティ共済
取引先事業者が倒産し、売掛金等が回収困難になった場合、貸付が受けられる共済制度で、有事の資金繰りをバックアップします。

1．調達・移転対策とは？

リスクファイナンシングの前提はリスク保有であり、利益や純資産でリスクをカバーできない場合に、資金調達を行ったり、リスクを移転することが求められます。一般的に、調達対策は有事に備えて事前に資金を調達することが多く、移転対策は事前に手続きは行いますが、実際の資金調達は有事の際に行うことが多いと考えられます。

2．調達対策

資金が不足する場合には、外部から資金を調達しなければなりませんが、調達方法ごとにメリット・デメリットがあるため、自社に最適な方法を選択する必要があります。

- 借　入　金：銀行などの金融機関からの借入による最も一般的な資金調達法
    - メリット　：最も一般的であり、機動性がある
    - デメリット：担保や個人保証が必要なことがあり、利息負担が発生する
- 株式発行：新しい株式を発行して資金調達する方法で、会社法改正によって、様々な種類株式が発行可能となっており、調達の自由度が高まっている
    - メリット　：利息負担も返済期限もなく、財務の安定性が増加する
    - デメリット：支配権に影響があり、配当金負担が発生する
- 社債発行：社債とは会社が発行する債券であり、返済期限に元本を返済しなければならない
    - メリット　：調達期間が長いため、長期運用に有利である
    - デメリット：引受先が限定され、利息負担が発生する
- ファクタリング：自社の売掛債権をファクタリング会社に売却して資金を調達する方法
    - メリット　：迅速に資金調達を行うことが可能である
    - デメリット：高めの金利負担が発生する
- クレジットライン：一定期間内に銀行と顧客との間で設定した極度額の中で、その期間内であれば何度でも資金の借り入れや返済を行うことができる契約のこと
    - メリット　：安定した資金の調達が可能である
    - デメリット：審査や条件が厳しく、契約内容が複雑であり、借入額の返済や金利とは別にコミットメントフィー等の手数料を支払う必要がある

3．移転対策

伝統的な移転対策としては、保険がありますが、近年は金融工学が発達したこともあり、リスクをヘッジするための様々な金融商品が開発されています。

- オプション：将来の決められた期日にあらかじめ決められた価格で原資産を買付ける、または売付ける「権利」を売買する取引
    - メリット　：将来の為替や価格の変動を抑制し、権利を放棄することも可能
    - デメリット：オプション費用に加えて、損失が発生する可能性がある
- 証　券　化：特別目的子会社（SPV）を介して債券を発行し、金融市場の資金の一部をリスクファイナンシングの資金として活用すること
    - メリット　：金融市場から資金を調達することができ、資金調達の即効性がある
    - デメリット：SPVの設立費用や運営費用等の費用が発生する
- スワップ：経済価値の等しいキャッシュフローを一定期間にわたり、予め取り決めた条件に従い、お互いに交換する取引のこと
    - メリット　：金利や為替を含む様々な変動リスクを抑えることができる
    - デメリット：想定の逆に変動した場合、損失が限定されない

4．保険の価値と限界

保険代理店は正しく保険を理解し、保険を企業経営にどのように生かすかを考える必要があります。保険は非常に価値ある金融商品である一方、限界もあり、万能ではありません。ここでは保険の価値と限界について解説致します。

1）保険の価値

保険代理店は、企業のリスク環境や財務状況に応じて保険を活用し、財務的支援を行うために、

保険の価値を知る必要があります。保険には以下のように基本的価値と副次的価値があります。

① 基本的価値：保険の基本的な価値とは財務的な補填ですが、こちらは有事の際に発揮される価値であり、使われない方が良い価値とも言えます。
・個人や法人の資産の減少を補てんする
・個人や法人の費用の損失を補てんする
・個人や法人の将来得られるべき所得や収入を補てんする

② 副次的価値：副次的価値は事故が起きなくても保険に入った時点で得られる価値もあるため、この副次的価値を経営に生かすことも非常に重要です。
・保険は人に安らぎや安心感を提供し、精神的負担を軽減する
・未来の不確実性を排除することで前向きな投資を可能にする
・保険は個人や法人のリスクマネジメント機能の発展を促進する

2）保険の限界

　保険代理店は、以下のような保険の限界を知り、お客様を守るために、保有対策・コントロール対策を含めた総合的な提案することが求められます。

①保険はリスク対策の一手法である：ファイナンスよりコントロールが優先し、保険より、保有が優先するため、保険は最後の手段であることを認識する必要があります。

②全てのリスクに対応できない：保険が使えるリスク、使えないリスクがあり、保険の補償も無限ではなく、限度があります。

③致命的なリスクへの対応：企業にとって致命的なリスクほど保険が活用できないケースが多く、一時的に保険が付保されたとしても、いずれ保険の活用ができなくなる可能性があります。

④財務的な補填しかできない：保険によって、事故時の財務的な補填はできますが、事故が発生した時点で企業の価値や評価は低下しますし、人やノウハウはお金で代替ができません。

保険代理店の役割

　保険代理店は保険の販売手数料を経営や生活の糧にして事業を営んでおりますが、顧客本位の業務運営を行っていく上においては、自社の売上や自身の報酬をインセンティブとした提案活動を行うのではなく、お客様を守るための提案を行う必要があります。保険はあくまでもリスク対策の一手段であって、保険以外のリスク対策を取るべき時はその提案をすべきでしょう。保険を単に売りに行く行為というのは、自分本位であって決して顧客本位ではありません。あくまでもお客様の課題解決や安心・安全な経営を支援することが私たちに課せられた使命であることを強く認識する必要があります。また、私たちの仕事は情報の非対称性に基づく業務であり、高い倫理観と使命感を持つ必要があることも強く認識しなければなりません。

調達と移転

資金調達手法

	内容	メリット	デメリット
借入金	・銀行等の金融機関からの借入によるもっとも一般的な資金調達法である	・機動性がある	・通常、担保が必要 ・利息負担が発生
株式発行	・新しい株式を発行して資金調達する ・会社法改正で、様々な種類株式が発行できることになり、調達の自由度が高まっている	・利息負担がない ・返済期限がない ・財務の安定性増加	・支配権に影響有り ・配当金負担が発生する
社債発行	・社債とは株式会社が発行する債券 ・借入金と同様に返済期限に元本を返済	・調達期間が長い	・引受先が限定 ・利息負担が発生

リスク移転手法

	内容	メリット	デメリット
保険	・銀行等の金融機関からの借入によるもっとも一般的な資金調達法である	・機動性がある	・通常、担保が必要 ・利息負担が発生
オプション	・将来の取引をする「権利」を売買するもの コールオプション⇒買う権利 プットオプション⇒売る権利	・将来の為替や価格変動を抑える ・権利を放棄可能	・オプション費用が発生する。
証券化	特別目的子会社（SPV）を介して債券を発行し、金融市場の資金の一部をリスクファイナンスの資金として活用すること。	・金融市場から資金を調達できる ・即効性がある	・SPVの設立費用や運営費用等の多額の費用が発生
スワップ	スワップとは、経済価値の等しいキャッシュフローを一定期間にわたり、予め取り決めた条件に従い、お互いが交換する取引のこと	・金利や為替を含む様々なリスクの変動リスクを抑える	・想定の逆に変動した場合、損失が限定されない

㊶ モニタリング及びレビューと記録作成及び報告

1．モニタリング及びレビュー【6.6】

1）モニタリング及びレビューとは？

- モニタリング：対応計画通りにリスクマネジメントプロセスの実施ができたか否かを検証するものであり、パフォーマンス評価の指標となる。
- レビュー：実施したリスクマネジメントプロセスが有効に機能しているか否かを検証するものであり、有効性評価の指標となる。

2）モニタリング及びレビューの意義

モニタリング及びレビューの意義は、プロセスの設計、実施及び結末の質及び効果を検証し、改善することです。そのために、責任者を明確に決めた上で、リスクマネジメントプロセスや結末の継続的モニタリング及び定期的レビューを、リスクマネジメントプロセスの計画的な部分とすることが求められます。

3）モニタリング及びレビューの範囲

モニタリング及びレビューはプロセスの全ての段階で行い、計画、情報の収集及び分析、結果の記録作成、並びにフィードバックの提供等を含みます。

また、モニタリング及びレビューの結果は、組織のパフォーマンスマネジメント、測定及び報告活動全体に組み込まれることが求められます。

4）モニタリング及びレビューを踏まえたリスク対応評価

モニタリングを通してリスクマネジメント活動の実施状況、レビューを通してリスクマネジメントの有効性を評価し、必要に応じて維持・改善を図ることが求められますが、リスクマネジメントの評価には、パフォーマンス評価と有効性評価の2つがあります。

- パフォーマンス評価：リスクマネジメント計画に基づいてモニタリングを行い、やるべきことを計画されたタイミングで実施できたか否かを評価します。
- 有効性評価：レビューを通して、計画において設定されたリスク対策やリスクアセスメント等のリスクマネジメント活動の目標に対して、どの程度の有効性があったかを評価します。

※パフォーマンス評価と有効性評価の指標及び評価基準については枠組みで明確化され、パフォーマンスと有効性の両面からリスクマネジメントの評価を行うことが重要です。具体的には、パフォーマンスが100%でなければ、有効性も100%になり得ない前提から、パフォーマンス指標の達成率を前提とした有効性評価である必要があります。つまり、パフォーマンスが低いにも関わらず有効性が高い場合や、パフォーマンスが高いにも関わらず有効性が低いケースでは、そもそもの目標設定に問題がある可能性があります。

2．記録作成及び報告【6.7】

適切な仕組を通じて、リスクマネジメントプロセス及びその結末を文書化し、報告することが求められます。

1）記録作成及び報告の狙い

- 組織全体にリスクマネジメント活動及び結末を伝達する
- 意思決定のための情報を提供する
- リスクマネジメント活動を改善する
- リスクマネジメント活動の責任及びアカウンタビリティをもつ人々を含めたステークホルダーとのやり取りを補助する

2）記録作成：文書化した情報の作成、保持及び取扱いに関する意思決定に際しては、情報の用途、情報の機微性、並びに外部及び内部の状況を考慮することが望ましいが、考慮する事項はこれらに限りません。

3）報告：報告は、組織の統治に不可欠な部分であり、ステークホルダーとの会話の質を高め、トップマネジメント及び監督機関が責任を果たすことを支援するのが望ましく、報告にあ

たって考慮すべき要素には、次の事項等が含まれます。

・様々なステークホルダー、並びにそれらのステークホルダーに特有の必要性及び要求事項
・報告の費用、頻度及び適時性
・報告の方法
・情報と組織の目的及び意思決定との関連性

３．報告書式の活用

報告書式を用いた具体的なリスクマネジメントの流れは以下の通りです。（次ページ参照）
① 各部門は自部門のリスク情報を集めて「リスクアセスメントシート」を作成（次ページ図１）
② 各部門が持ち寄った「リスクアセスメントシート」に基づいて「リスク管理シート」の「計画」欄を作成し、本社の承認を受ける。（次々ページ図２）
③ 承認された計画に基づいて「リスク対策シート」で各部門の具体的計画を作成（次ページ図３）
④ 実施後に「リスク対策シート」にモニタリング及びレビューの結果を記入して報告（図３）
⑤ 各部門の報告に基づいて「リスク管理シート」の「実績」欄を作成し、本社に報告（図２）

１）リスクアセスメントシート（図１）

「リスクアセスメントシート」は、各部門が自部門のリスクを特定してリスクごとに作成します。作成に当たっては責任者の経験や知識のみならず、部門メンバーとのブレーンストーミングやヒアリング及びアンケート等を参考にします。「リスクアセスメントシート」はリスク環境の変化に応じてブラッシュアップされますが、普遍的なリスクの特徴やリスク対策の検討に繋がる参考情報が記載されているため、保存しておくと役立ちます。

２）リスク管理シート（図２）

「リスク管理シート」はリスクマネジメント計画を推進するためのシートであり、各部門の協議結果を踏まえてリスクマネジャーやリスクマネジメント部門が作成し、本社へ報告します。「計画」欄と「実績」欄に分かれており、「計画」欄は各部門の「リスクアセスメントシート」の情報に基づいたリスク対策計画が記載され、本社の承認を得て全社で実践されます。また、「実績」欄は各部門の「リスク対策シート」に基づいて中間及び最終のモニタリング及びレビュー結果が記載され、本社に報告されます。基本的に左側から順に記入することで、リスクマネジメントプロセスが順を追って実施されるように作られています。

３）リスク対策シート（図３）

「リスク対策シート」は、リスク管理シートで全社的に計画された対策を各現場に落とし込むためのシートであり、リスク対策を実行する部署ごとに作成されます。計画欄には具体的なリスク対策だけではなく、対策実行に必要な資源（予算）やパフォーマンス目標及び有効性目標が記載されます。リスク対策実施後は中間と最終でモニタリング及びレビューを行い、評価を実施して報告を行います。部署ごとに作成された「リスク対策シート」を集約して協議を行い、「リスク管理シート」の「実績」欄を作成して本社に報告します。

保険代理店の役割

保険代理店は、リスク対応計画の作成に携わると共に、一連のリスクマネジメントプロセスに関わり、リスクアセスメントの結果や、リスク対策状況、モニタリング及びレビューの結果等に基づいてパフォーマンス評価や有効性評価を行い、必要に応じて維持・改善の支援をすることが求められます。中小企業においては、上記のようなリスクマネジメント体制が構築できている企業は少数であり、保険代理店が支援を行うことによって、リスクマネジメントの PDCA サイクルを回すことが求められます。

図1

リスクアセスメントシート

リスク名	自動車事故	リスク分類(中)	販売	リスク分類(小)	交通事故
部署名	○○営業部門		責任者		○○ ○○

リスケ゛メントの構成要素／リスク源	結果に影響	乗車人数、スピード、車種、積荷の種類と量
	起こりやすさに影響	過労、天候、居眠り、車両の整備状況、携帯電話等
	原因	前方不注意、居眠り、ハンドル操作の誤り
	影響領域	社有車、搭乗者、事故相手、積荷
	結果	自動車の全損、搭乗者及び相手方の死傷、賠償責任等

リスクシナリオ	居眠り運転による信号無視事故で相手方運転手が死亡

既存管理策	車両の定期点検・整備の徹底、運行管理の徹底、無事故手当の支給

分析結果	結果	約3,500万(車両:150万、福利厚生費:50万、対人賠償:3000万、対物賠償:300万)	評価	3
	起こりやすさ	10年に1回のサイクルで発生	評価	3
	特徴	繁忙期である左末に事故が増える傾向がある。事故を起こす人員はある程度決まっている。	リスクレベル	S

実施対象部門	営業第○課~○課 メンテナンス部等の自動車を用いて営業等を行っている部署

備考欄	昨年より懲戒規則を改定し、自動車保険の車両保険には免責金額を設定し、免責金分については事故を起こした従業員が負担をするように明文化したため、事故は減少傾向にある。今後も現場でしっかりとルールを徹底する事が事故の減少に繋がります。

図3

リスク対策シート

■担当部門及び責任者

小分類名	交通事故	リスク名	自動車事故	計画記入日	○○年○月○○日
担当部門	第1営業部	リスクマネジャー	○○ ○○	責任者	○○ ○○

■リスク対策実施計画

リスク対策計画	リスク対応	起こりやすさの低減	資源	100万円(1台5万×20台)
	リスク対策	①運行前の健康チェックの徹底 ②ドライブレコーダーの設置		①全員が毎日実施する ②営業車20台全車両に設置
	パフォーマンス目標／目標	有効性目標		事故発生件数2件(50%の事故削減)

■リスク管理策のモニタリング及びレビュー

中間報告(○月○日)	パフォーマンス進捗	①全員が毎日実施している。②営業車の半数の10台に設置済み		
	有効性進捗	事故発生件数0件(100%の事故削減)		
	パフォーマンス評価	3	有効性評価	4
	課題	ドライブレコーダーを設置する車の優先順位について		

最終報告(○月○日)	パフォーマンス結果	①運行前チェックシートは全員が毎日記入済み ②営業車の全体(20台)に設置済み		
	有効性結果	事故発生件数0件(100%の事故削減)		
	パフォーマンス評価	3	有効性評価	4
	コスト	100万円(20台×5万円)		
	課題	リスク対策としては非常に効果があったが、コストとして100万円が掛かっていることもあり、今後は費用対効果の検証を行う必要がある。		

図2

リスク管理シート

計画

①リスク特定プロセス / ②リスク分析・評価プロセス / ③リスク対応プロセス

NO.	リスク分類(中) 分類(中)	分類(小)	分類No (中)-(小)	リスク名(事象)	リスクシナリオ	重要なリスク源	既存管理策	リスク評価 結果	リスク評価 リスクレベル	起こりやすさ
1	事故	交通事故	A-3	自動車事故	居眠り運転による信号無視事故で相手方運転手が死亡	・過労、健康状態 ・緊張感の無さ	車両の定期点検・整備の徹底、運行管理の徹底、無事故手当の支給	3	S	起こりやすさ 3

③リスク対応プロセス

リスク対応計画 リスク対応	資源(予算)	有効性目標	管理策	リスク評価目標 結果	リスク評価目標 リスクレベル	起こりやすさ
起こりやすさを変える	500万円 (100台×5万)	事故発生件数を5件 に減らす (50%の事故削減)	①運行前健康チェックの徹底 ②ドライブレコーダーの設置	3	M	起こりやすさ 2

パフォーマンス目標：①運行前健康チェックの毎日実施 ②ドライブレコーダの全台導入

実績

④モニタリング及びリビュープロセス

リスク対応評価(中間)

	進捗	課題	リスク評価結果 結果	リスク評価結果 リスクレベル	パフォーマンス評価
パフォーマンス評価 2	①全員が漏らさず実施 ②半数の営業車にドライブレコーダを設置	②ドライブレコーダを設置する車の優先順位	3	M	3
有効性評価 3	事故発生件数2件 (60%削減)		起こりやすさ 2		有効性評価 2

リスク対応評価(最終)

	パフォーマンス結果	コスト
	①運行前チェックは全員実施 ②ドライブレコーダも全台設置	400万円 (30台×5万)

	有効性結果	課題
	事故発生件数7件 (30%の削減)	①運行前チェックシートの内容精査 ②ドライブレコーダの費用対効果の検証

㊷ 自動車事故対応① 自動車事故の分析

1．自動車事故への対応について

　ここでは、多くの代理店に最もなじみある自動車事故について深堀りしたいと思います。自動車保険は多くの保険代理店にとって中心的な商品ですが、少子高齢化及び若者の車離れ、安全性能や自動運転技術の進化、さらには「所有から使用へ」といった価値観の変化によるシェアリングサービスやサブスクリプションモデルへの移行が消費者側、メーカー側でどんどん進んでいる現状があり、自動車保険のマーケットは減少することが想定されます。また、競争環境においてもネット自動車保険等が単なる価格競争から現場急行サービス等のサービス競争に移行しており、プロ代理店としての差別化要素が出しにくい状況があります。そのような環境下において自動車保険に関する競争力を確保するためには、差別化要素として自動車リスクに関する深い見識と事故防止のノウハウを習得することが重要となるでしょう。

2．自動車事故の特徴等

　現代社会において、事業に全く自動車を使わない企業は少なく、地域によっては通勤等に自動車を用いる企業も多いと考えられるため、自動車事故は多くの企業に存在するリスクであり、他のリスクに比較すると起こりやすいという特徴があります。また、人に影響を与えるケースが多く、発生した場合の損害もその状況において大きく異なるため、ちょっとした不注意によって大事故に発展する可能性があります。そのような特徴から、多くの企業においては保険でカバーしていることが多いと想定されます。しかし、事故の発生は企業の評価を下げるだけではなく、大きく翌年度の保険料などにも反映されるため、極力事故は起こさないことが求められます。なお、自動車に関するリスクの概念は、広い意味では車両の故障・盗難・破損、通勤中・歩行中の事故、地震や風災による車両損害等も含まれるかもしれませんが、この章では業務使用中の交通事故に絞ってリスクの構成要素を検証したいと思います。

3．自動車事故の構成要素（図参照）

①**事象**：交通事故（事業用車両の業務使用中の交通事故）
　　　　　（通勤中や歩行中の事故、盗難、地震・風災等による車両損害は除く）
②**原因**：交通事故では、以下のような直接的原因が考えられます。
　　　・人的原因：居眠り・わき見運転、操作ミス、違反行為等
　　　・物的原因：車両トラブル（ブレーキ故障・脱輪等）
　　　・環境原因：もらい事故・飛び出し・スリップ等
③**影響領域（④結果）**
　　　・経営資源：車両（車両損壊）、従業員（労災事故による休業）
　　　　　　　　　ブランド・信用（失墜）、荷物（破損・汚損）
　　　・ステークホルダー：従業員（安全配慮義務違反）
　　　　　　　　　　　　　株主（利益減少・株価低下）、取引先（債務不履行）
　　　・その他：被害者（対人・対物賠償等）、車両喪失（休車損害）
　　　　　　　　行政処分（罰金・制裁等）、社会的制裁（取引停止等）
⑤**リスク源**（交通事故には以下のようなリスク源が考えられます）
　　　・起こりやすさ：体調管理の不徹底（集中力の低下を生みだす）
　　　　　　　　　　　携帯電話・ナビゲーション等の使用（集中力を阻害する）
　　　　　　　　　　　運転技術の低下・高齢化（適切な操作、状況判断を誤る）
　　　　　　　　　　　車両点検の漏れ（タイヤのスリップ、ブレーキの故障に繋がる）
　　　　　　　　　　　悪天候での業務（雪・雨による道路状況や視界の悪さ）
　　　・結果の大きさ：車両の大きさ（大型車は相手への、小型車は自身への影響が大）
　　　　　　　　　　　福利厚生の充実度（充実するほど財務負担が大きくなる）
　　　　　　　　　　　車両や貨物の価格（車両価格・貨物の価格が大きいと影響が大）

特定顧客への依存（信用力の欠如による取引停止の影響が大）
シートベルトの着用（乗務している人への影響）
・両方への影響：過酷な労働環境（注意力が散漫になり、安全配慮義務違反を問われる可能性が高くなる）
スピード（高速の方が事故を起こしやすく、その際の影響も大）
交通量・通行量の多さ（巻き込む車両や人が多くなる）
⑥**損失額**：以下のような損失に繋がる可能性があります。
・財物損失：車両・荷物等・ブランド等の喪失
・人的損失：福利厚生費用（上乗せ労災や退職金等）、売上減少
・収入減少：休車・取引停止による売上減少等
・賠償責任：対人・対物賠償、使用者賠償、貨物賠償等
・費用損失：代車費用、修理費用、再取得費用
・その他：保険料増加、行政処分等

保険代理店の役割

　代理店によって主要なマーケットや商品は異なりますが、多くの保険代理店の業務に占める自動車保険の割合は高いのが実態かと思います。私が保険業界に入った当時はまだ SAP、PAP、BAP の 3 商品しかなく、全ての保険会社で同じ補償、同じ保険料であったため、自ずと人間関係や信頼関係といった情緒的価値、事故発生時の対応等の事後的な機能的価値を商品に対する付加価値として前面に打ち出して差別化を図ってきた代理店が多かったと思います（少なくとも、私はそうでした…）。しかし、保険の自由化と共に商品も保険料も流通経路も多様化し、競争環境も大きく変わる中で、プロ代理店として自動車保険への向き合い方を再検討すべき時期かもしれません。今後の自動車保険マーケットの縮小を踏まえて、収保の維持・拡大のために何をすべきか？自動車保険依存から脱却して新種等の保険に軸足を置き換えていくのか？を検討する必要があるかもしれません。企業のリスクとして存在する以上、適切な対処が必要ですが、今後は事故防止のリスクコンサルティングサービス等による付加価値によって、事故防止による保険料の低減や企業価値の向上を図るなどの差別化要素が求められるでしょう。

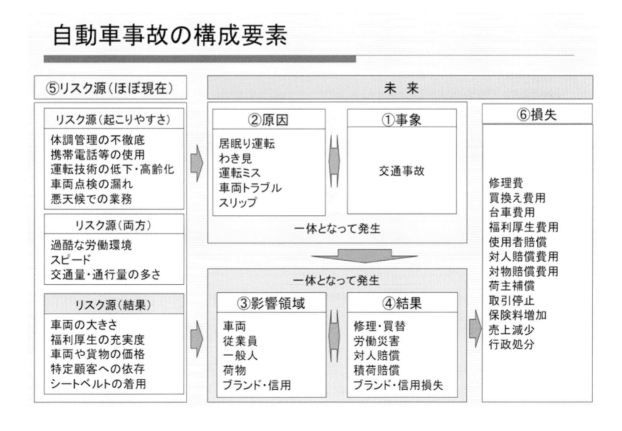

自動車事故の構成要素

1．自動車事故への対応について

　前章では自動車事故に関するリスクシナリオを描き、自動車事故という事象を生み出す原因、自動車事故が影響を与える影響領域と結果及びその損失を検証し、それらの事象や損失を生み出すリスク源を洗い出しました。この章では自動車事故という事象の起こりやすさやそこから発生する損失をいかにコントロールし、更には発生した損失に対していかに有効なファイナンス対策を取っていくかについて説明していきたいと思います。

2．リスクコントロール対策

　自動車事故はリスクの中でも車の使用頻度や使用台数によっては非常に起こりやすく、人身事故に繋がりやすいリスクであるため、特に運送会社やバス会社等のように、自動車での運搬や移送を本業にしている事業所では交通事故が深刻なブランド下落に繋がる可能性があります。また、自動車を単なる営業用の移動手段や通勤手段のみに利用している企業については、そもそもの対策が不十分なケースも多いため、保険代理店による積極的な関与が期待されます。特に近年はドライバー不足によって高齢のドライバーが増えていることもあり、対策の重要性も高まっています。具体的なリスクコントロール対策には以下のような対策があります。

1）事前対策

(1) 回避対策

・活動停止：車での活動をしなければ自動車事故を起こすことはほとんど無くなるため、車での通勤や営業・配達等を辞めることができれば、自動車運行における事故を無くすことが可能になります。

・資産除去：社有車を持たなければ車両の損失は発生しませんし、自動車での配達を辞めれば自動車事故による貨物の損失も無くなります。

(2) 軽減対策

・軽減対策：車を低価格の車両に入れ替えることや乗車人数・積載物の制限、シートベルトの徹底を行うことによって事故発生時の損失を減少させることが可能になります。

・分散対策：1事故当たりの損失額を減少させるために、分散積載や分散乗車をすることが重要です。また運行中ではないですが、天災に備えた保管場所の分散も重要です。

・補完・予備：事故が発生した場合に、事業活動を早期に再開するためには、予備の車両や輸送機関の手配、修理工場等との代車提供契約等を締結することが考えられます。

(3) 低減対策

・予防対策：事故防止には、まずは一人ひとりの能力や知識、リスク感性を高める様な教育・研修や車両管理体制の構築等のソフト面での対応が大切ですが、それと共に技術の進化によってドライブレコーダーの設置や安全車両の購入等のハード面での対策も非常に有効性が高くなっているので、積極的な活用が求められます。

(4) 共有対策

・移転対策：他社にリスクを移転する対策としては、宅急便等を活用した輸送委託やタクシー等による移動、車両メンテナンスの外部委託等が考えられます。

・統合対策：事故防止ノウハウの共有や車両等の相互補完、合併等による優秀なドライバーの確保等が考えられます。

(5) 受容対策

　リスクが小さいと考えられる構内専用車や低価格の自動車については積極的にリスクを受容することも重要です。

2）事後対策

　交通事故に関する事後対策については、まずは事故発生時の対処ルールの徹底が必要不可欠です。被害者救済と安全確保・再発防止策を直ちに行い、警察と保険会社への連絡を行うことを徹底

する必要があります。これらの初期対応を間違えることによって、自動車事故による直接損失だけではなく、対応を怠ったという風評リスクによって企業ブランドが失われることにも繋がる可能性があるので、注意が必要です。

3．リスクファイナンシング対策

　事故発生に伴う損失への備えとしては、賠償責任に対しては、損失額の変動幅が大きいという特徴から基本的には保険を活用した移転対策が有効と考えられます。

　しかしながら、車両に関する損失についてはある程度損失の上限が見えることもあるため、事故防止を推進する意味でも免責を設定してリスクの一部を保有するという考え方が必要と考えられます。また、搭乗者傷害保険等については、社内的な福利厚生等の平等性を損なう可能性があるため、注意が必要です。自動車保険については自動車事故の件数や発生した損害額によって大きく割引が異なるため、コントロール対策とのバランスが非常に大切です。

保険代理店の役割

　自動車事故は、古くから保険代理店が中心的に扱ってきたリスクであり、自動車保険と共に保険代理店は発展してきたということも否めませんが、時代と共に私達の関わりや必要性が薄れていく可能性が考えられます。昨今の「所有から使用へ」という価値観の変化から自動車メーカー等がサブスクリプションやシェアリングのビジネスモデルに舵を切ったことで車の量は確実に減少することが考えられますし、事故防止技術や自動運転技術の革新により間違いなく事故は減少し、保険料の減少や保険の在り方自体にも大きな変化があると想定されます。それに加え、AIの発達によってドライブレコーダーの映像から過失割合が自動的に導き出され、映像で損失額が短時間で確定する技術が開発されると共に、ネット自動車保険等の事故現場駆け付けサービスの展開によって私たちの事故発生時の関わりがどんどん他業態や新技術に取って代わられていくことも想定されます。

　今後はそれらの新しい技術やネットでは提供できないリスクコンサルティングのノウハウを差別化要素として持つことが必要となるでしょう。

リスクコントロール

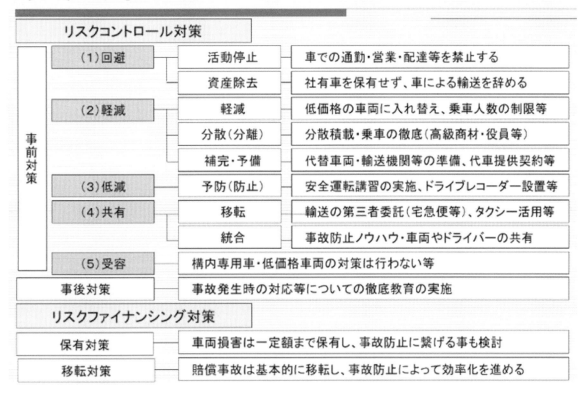

１．火災事故への対応について

　この章では火災リスクの特性について掘り下げて考えたいと思います。「火災」とは、「人の意図に反して発生し、もしくは拡大し、又は放火により発生して消火の必要がある燃焼現象」を言い、それによって経済的損失を被るリスクを火災リスクと言います。火災は建物・設備・商品等の企業の経営資源を一瞬にして失う可能性を持つ極めて重大なリスクです。特に近年の工場・倉庫等の場合は自動化・無人化が進んでおり、巨額の損失に繋がるだけではなく、売上の減少にも繋がりますし、ホテルや店舗等の不特定多数の人々が出入りする施設においては、人命に大きな影響を与えるため、万全の防火対策を講じる必要があります。

２．火災事故の特徴等

　火災は「空気」「可燃物」「熱」の３つの要素によって発生するため、火災リスクを分析・評価するためには、火災リスクを「出火源」、可燃物の「燃焼度」、建物・動産がどの程度損傷を被るかという「損傷性」の３つの要素に分解して検討する必要があります。

- ・出火源：出火リスクは全ての業種や大多数の物件に共通して存在する「一般的リスク」と特定業種や商工物件に特有の「特殊リスク」に大きく分けられます。一般的リスクには自然環境や立地条件、たばこ・ストーブの使用状況等が含まれ、特殊リスクには作業場のリスクや職業上の危険物保有リスクなどが含まれますが、その特徴によって起こりやすさや損失の大きさに著しく差異が生じることになりますので注意が必要です。

- ・燃焼度：一旦発生した火災が大きくなるか否かは、延焼していくための媒体（着火物）の「燃焼度」と「量」によって左右されます。具体的には建物の主要構造が可燃材料か不燃材料かの違いや、内装や建物内の可燃物の量によって火災の大きさが左右されます。また、燃焼リスクには同一建物内の出火点から他の動産または建物に燃え移る「内部燃焼リスク」と建物の外部から延焼を受ける「外部延焼リスク」に分けられます。

- ・損傷性：火災による損失の大きさを推測するためには、燃焼による損害の他に煙・臭気・温度変化・消火放水による損害や粉末火による汚損等の損害を考慮する必要があります。商品は少しの焦げ損でも商品価値が無くなるため、大きな損害に繋がりやすく、水や煙は広範囲に広がる可能性がるため、小規模な火災ほど燃焼による被害よりも大きくなる傾向があります。

３．火災事故の構成要素 （図参照）

- ①事象：店舗火災（火災は原因を問わず店舗・工場・倉庫等に生じることがあります）
- ②原因：店舗火災では、以下のような直接的原因が考えられます。
  - ・人的原因：ヒューマンエラー、放火、コンロやたばこの火の不始末等
  - ・物的原因：配線、コンロ、ライター等による爆発・漏電等による発火
  - ・環境原因：周囲からの延焼、落雷・地震等の自然災害
- ③影響領域（④結果）
  - ・経営資源：建物・設備・商品等（損傷・消失）
    　　　　　　従業員（労災による休業・退職）、信用（失墜による売上減少）
  - ・ステークホルダー：従業員（使用者賠償責任）、株主（株価減少）・取引先（債務不履行）
    　　　　　　お客様（サービスの滞り）、地域住民・来訪者（施設賠償責任）
  - ・そ の 他：第三者（賠償責任）、品質・生産性（売上の低下）
- ⑤リスク源（火災事故には以下のようなリスク源が考えられます）
  - ・起こりやすさ：定期点検の不備（設備や配線からの漏電や発火）
    　　　　　　火気の使用状況（溶接等の作業工程からの発火）
    　　　　　　設備の老朽化（古い機械設備や配線等からの発火）
    　　　　　　過剰労働の横行（ヒューマンエラーの増加）

　　　　　　　　　立地（延焼・放火の可能性）
・結果の大きさ：建物の構造・大きさ（損害の拡大に影響）
　　　　　　　　　設備什器・商品等の材質や量（損失の大きさ）
　　　　　　　　　消火設備状況（迅速な消火活動の可否）
　　　　　　　　　賃金・福利厚生（従業員への補償の大きさ）
　　　　　　　　　ブランド力（近隣住民及び社会的評価の低下等）
・両方への影響：消防法違反（起こりやすさや賠償額への影響等）
　　　　　　　　　生産性の高さ（フル稼働状況における火災発生は影響が大きい）
　　　　　　　　　可燃物・爆発物（爆発等による火災発生は損害が大きくなる）

⑥損失：火災事故は以下のような損失に繋がる可能性があります
・財産損失：建物・設備、商品・材料等の破損・汚損・焼失
・人的損失：人材の喪失、福利厚生費用（上乗せ労災や退職金等）の出費
・収入減少：休業損害、売上減少・生産減少
・賠償責任：対人・対物賠償（第三者）、使用者賠償（従業員）
・費用損失：取片付け費用、復旧費用
・そ の 他：保険料増加、行政処分、訴訟費用等

保険代理店の役割

　火災事故は何十年も掛けて積み上げてきた企業の資産を一瞬にして消滅させる可能性のある重大なリスクであり、労働災害や売上減少、賠償責任等にも繋がるため、極めて慎重に対応すべきリスクです。近年においては、気候変動リスクが高まっており、火災保険に不随する台風による風災や水災等のリスク対策の必要性も高まっているため、火災以外のリスクについても考慮した提案が必要になるでしょう。

　しかし、起きた時の損害は甚大になりますが、業種や建物の構造等により発生頻度が低いと考えている企業にとっては、必要以上に高額な保険料を支払うことに躊躇するケースも多いと考えられます。そのため必要に応じて補償を限定したり、リスクの保有額を検討することによって保険への適切な依存度を導くと共に、保険料ではなく、有事の際の損害や補償額についてしっかりと話を行い、リスク移転の必要性を認識してもらうことが必要でしょう。

火災リスクの構成要素

45 火災事故対応② 火災事故の対策

1．火災事故への対応について

　火災リスクに対するリスクコントロール対策は一般的に「起こりやすさ」を下げる「出火防止対策」と損失を最小化する「延焼防止対策」と「消火対策」、適切な対処のための「防火管理対策」に分けられますが、具体的には以下のような取組みを指します。

1）出火防止対策

・共通対策

　　最初に「整理・整頓」「ヒューマンエラーの防止対策」等の全ての業種に共通する一般的対策を実施します。具体的には、建物内の出火源や延焼媒体となる可燃物や灯油等の管理、清掃や施設内の区分表示、不要な資材等の適切な処分等を行い、その上で、火の消し忘れや機械設備の誤操作等を防ぐための操作手順の策定や誤操作を防ぐアラーム機能の設置等のヒューマンエラー対策を行うことが重要です。

・業種等に固有の対策

　　溶接や溶断作業を行う場合は、高温の金属火花が可燃物に着火することを防ぐために、「防炎シート」等で火花の飛散を防止するなどの対策を行い、電気設備機器の老朽化や過負荷運転等による加熱・スパークによる電気火災のリスクがある場合は、受配電設備・接続機器等について定期点検を行い、容量を超えた使用がないか等の確認を行うことが必要です。また、引火性の液体や可燃性ガス等の危険物がある場合は、火気厳禁の貯蔵庫に保管し、作業場に持ち込む場合等のルール等を徹底することが重要となります。

2）延焼防止対策

　建物や内装を不燃構造にすることで延焼を最小限に抑え、隣接する建物間の距離を十分に確保することで、周囲の建物への延焼を防止することが可能となります。また、耐火構造の壁や床などで区分される防火区画が建物の火災拡大防止には有効です。

3）消火対策

　「早期発見・早期消火」には自動火災報知設備の設置が有用です。また、自社の施設や設備、商品や材料、作業内容等に応じた消火設備の設置が重要です。

4）防火管理対策

　「防火管理規程」を策定し、定期的に見直しを行い、全従業員に周知徹底すると共に、活動を実施するために「防火管理体制」を確立し、責任者と役割分担を明確にすることが重要です。また、これらが機能するために「消防訓練」等を実施することが必要です。

2．リスクコントロール対策【事前対策】

　火災リスクをコントロールするには、個々の企業や施設に存在するリスク源に対してリスク対策を検討しますが、具体的には以下のような対策が考えられます。

（1）回避対策

・活動停止：火災発生の原因となる施設内での火気の使用や喫煙を禁止する

・資産除去：火災で被害を受ける資産（建物・設備・在庫等）を持たない

（2）軽減対策

・軽　　減：防火壁で延焼を防ぎ、スプリンクラー設置で早期消火活動を実施する

・分散・分離：人員や商品や設備等を分散させ1事故当たり損失額を最小化する

・補完・予備：人材・材料・商品等の不足に備えて、予備の在庫や人材を確保する

（3）低減対策

・予防・防止：機械や設備の定期点検、危険物や喫煙の管理等を徹底する

（4）共有対策

・移転対策：預り資産がある場合や消費者や取引先に補償が生じる場合は、契約等で責任を移転する

・統合対策：防火対策ノウハウを共有したり、有事の際のマイナス面を相互に補完することで被害額を減少させる

（5）受容対策：火気を使用せず、被害額が小さい場合は敢えてリスクを受容する

３．リスクコントロール対策【事後対策】

「火災は最初の３分が勝負」と言われていますが、早期発見・早期消火が最も重要であり、誰もが消火活動ができるように、消火訓練を行うと共に、人的被害の最小化を図るために避難訓練を行うことも重要です。また、火災が発生した場合には、自社の財産損失の最小化のみならず、周辺住民や消費者等のステークホルダーに多大な影響を与えることで巨額の賠償や売上減少に繋がる可能性もあるため、それらのステークホルダーへの対応も必要不可欠です。企業によっては、大きな被害が発生する場合を想定してメディア対応を含めた役割分担等を明確に定めることが求められるでしょう。

４．リスクファイナンシング対策

一般的に火災事故による損失は自社の財務的保有能力を大きく超える可能性が高いため、火災保険で対応しているケースが多いと思われますが、保有可能なリスクや自社への影響が少ないリスクについては積極的に保有することが重要です。具体的には、財務力に合わせた免責の設定や影響の無いリスク（例えば、氷災や水害等）の保有、施設が多地域に存在する場合はまとめて契約することで効率化し、全ての施設が一度に被災しない場合は上限額を設定するなどの工夫も必要です。また、派生リスクに備えて利益保険や営業継続費用保険、使用者賠償や施設賠償等に備える保険も検討すべきでしょう。

保険代理店の役割

企業の火災保険については、未だに保険金額が適切に設定されていないケースや作業内容やリスク対策状況に応じた保険設計になっていないケースが見られますし、火災事故から派生する損失に対する対応が十分に取られていないように思います。具体的には火災によって生産が滞ると、売上が大幅に減少する一方で固定費（従業員の給料等）の支払いは継続的に発生しますし、近隣住民や取引先への補償や従業員への使用者責任が発生する可能性もあります。お客様を守るためには、企業が固有に抱える火災リスクの特徴を理解し、具体的な対策状況に目を向けることで保険の必要性と補償内容を検証すると共に、そこから派生するリスクに対する備えもしっかりと提案することが重要です。

火災事故への対応について（例）

リスクコントロール対策			
事前対策	（1）回避	活動停止	施設内での火気の使用や喫煙を禁止する
		資産除去	火災で被害を受ける資産（設備等）を保有しない
	（2）軽減	軽減	防火壁やスプリンクラーの設置
		分散（分離）	被害を受ける人員・商品・材料等の分散
		補完・予備	不足に備えて予備の材料・商品・人材を確保する
	（3）低減	予防（防止）	定期点検の実施・可燃物の管理等の強化
	（4）共有	移転	契約によって受託責任や補償責任を移転する
		統合	防火ノウハウの共有や相互リスクの補完
	（5）受容	小さなリスクは敢えて対策を取らず受容し、他の対策に振り向ける	
事後対策		非難訓練・消化訓練等の教育の実施、緊急時対応組織の構築	

リスクファイナンシング対策		
保有対策	財務力に応じた免責設定、補償限度額設定、補償内容の限定等	
移転対策	保険金額の適正化と生産停止・継続費用・賠償責任の必要性の考慮	

46 労災事故対応① 労災事故の分析

１．労災事故への対応について

　「労働災害」とは、労働安全衛生法においては「労働者の就業に係る建設物、設備、原材料、ガス、蒸気、粉塵等により、又は作業行動その他業務に起因して、労働者が負傷し、疾病にかかり、又は死亡すること」を言います。労働災害は非常に多様な形態で発生しますが、この章では精神疾患以外のいわゆる身体損害を被る労働災害に対象を絞って検証したいと思います。労働災害に関する責任は事業者にあるとされていますが、近年においては労働者の高齢化や外国人労働者の増加、働き方改革や労働者の権利意識の高まりによって労災発生におけるトラブルが増加しており、従業員側が会社側を訴えるというケースも増加していますので注意が必要です。

２．労災事故の特徴等

　労災事故が発生すると、企業は様々な損失を被る可能性がありますが、３つの法的責任と社会的責任、その他のリスク（生産性の減少等）に分けられます。それぞれの特徴と内容は以下の通りです。

【法的責任】

　１）刑事責任：以下の２つのケースで責任を問われる可能性があります。
- ・労働安全衛生法違反：事業者及び管理監督者は最高３年の懲役もしくは最高300万円の罰金
- ・業務上過失致死傷：業務上の注意を怠った場合は、５年以下の懲役もしくは禁固または50万円以下の罰金

　２）民事責任：民事責任としては以下の３つの責任を追及される可能性があります。
- ・災害補償責任：事業者は過失の有無に関わらず労働基準法上の災害補償責任を負います。（政府労災への加入で責任は免れます）
- ・労働契約責任：労使間において労災発生時の補償について定めがある場合には事業者は労働契約や規程に基づいた補償を行う必要があります。
- ・使用者賠償責任：労災発生に事業者の故意・過失（不法行為責任）、または安全配慮義務違反（債務不履行責任）があった場合は、民事上の賠償責任を負います。

　３）行政責任：労働安全衛生法に基づき、作業停止命令や設備使用停止命令などの行政処分が下されることがあります。

【社会的責任】

- ・売上減少：重大な労働災害が発生した場合は指名停止や入札停止、取引停止等の社会的責任を追及されるケースが増加しているので注意が必要です。
- ・人材確保：労働者の権利意識が高まる中、重大な労災事故が発生することで、新入社員の採用に影響が出たり、社員の流出に繋がる可能性があります。

【その他の損害】

- ・生産性低下：労働基準監督署の行政処分や従業員の休業やモチベーション低下によって生産性が大きく損なわれる可能性があります。
- ・不随費用：労災発生に伴い、車両や機械設備等の破損・汚損や代替人員の採用・育成費用、保険料の増加等の付随費用が発生する可能性があります。

３．労災事故の構成要素（図参照）

　①事象：労災事故（精神疾患以外の身体傷害を対象）

　②原因：労災事故には以下のような原因があると考えられます。
- ・人的原因:ヒューマンエラーによる墜落・転落・転倒・挟まれ・巻き込まれ・交通事故等
- ・物的原因:機械・設備の故障・誤稼働等、施設の欠陥等
- ・環境原因:火災・爆発・天災、外部からの飛来・落下、高温・低温物との接触等

　③影響領域（④結果）
- ・経営資源：従業員（死亡・後遺障害・ケガ）
　　　　　　　設備・建物（破損・汚損、使用停止等）
　　　　　　　ブランド（ブランド下落）
- ・ステークホルダー：社員及び家族等（使用者賠償責任、遺族補償等）
　　　　　　　　　　　株主（利益・株価の下落等）
- ・その他：品質・生産性（品質・売上の低下）

⑤リスク源（労災事故には以下のようなリスク源が考えられます）
  ・起こりやすさ：安全綱の不備（墜落・転落）
             安全装置の未設置（挟まれ・巻き込まれ）
             運行前点検の不備（交通事故、設備事故）
             5Sの不徹底（転倒、飛来・落下）
             労働時間管理（ヒューマンエラー）
  ・結果の大きさ：高額設備の有無（労災事故に伴う破損・汚損）
             特定人員への依存（優秀人員の職場離脱の影響）
             従業員との関係性（会社への賠償請求の可能性）
             福利厚生制度（労働契約責任の履行）
             高額な人件費（賠償責任額の大きさ）
  ・両方への影響：過酷な労働環境（集中力の欠如、生産性への影響）
             長時間労働（ヒューマンエラー、安全配慮等）
             労働基準法違反（法令違反、行政処分等）
⑥損失：労災事故は以下のような損失に繋がる可能性があります。
  ・財産損失：設備等の修理・復旧、再調達費用
  ・人的損失：採用・育成費用、福利厚生費用（上乗せ労災・退職金等）
  ・収入減少：売上減少、生産性低下（優秀な人材の離職）
  ・賠償責任：使用者賠償費用（従業員）
  ・費用損失：保険料増加、行政処分、訴訟費用
  ・そ の 他：行政処分（罰金等・生産停止）、取引停止

保険代理店の役割

　労働災害は企業のリスク対策状況で起こりやすさも損失の大きさにも差が出ます。保険があるから良いではなく、いかに事故を減らせるかを考える必要があります。特に中小企業の場合は労災発生による損失は保険でカバーできても、同様のパフォーマンスを発揮する人材の採用や育成は容易ではありません。また、会社側に法令違反や安全配慮義務違反があった場合には巨額の賠償責任が発生する可能性があるため、政府労災や福利厚生の補償に加えて使用者賠償責任保険を手配する必要があります。近年は従業員から会社に対して賠償請求を起こすケースが増えてきていますし、この保険による資金的な裏付けが無いと、有事の際に労働者の立場に立って労災請求の支援ができず、従業員との争いになる可能性もあるため、会社としての正しい判断・行動を行うためにも使用者賠償責任保険は必要と考えられます。

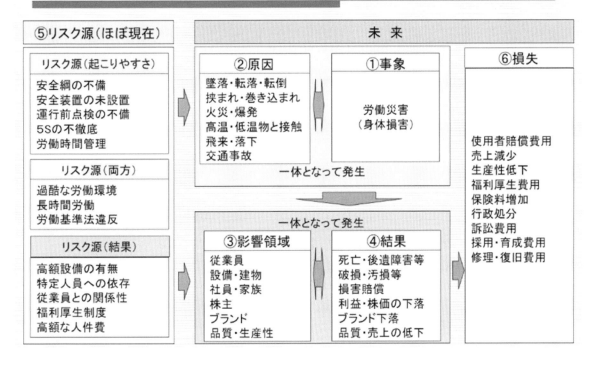

労働災害リスクの構成要素（例）

47 労災事故対応② 労災事故の対策

1．労災事故への対応について

　労働災害防止の基本は労働安全衛生関係の法令を守り、法令に従った対策をとると共に、全員が災害防止の活動に取り組み、危険に対する認識、安全意識を高めることと考えられます。以下に事業者に義務付けられている措置と自主的な活動を紹介致します。

1）労働安全衛生法の遵守

①危険防止の措置

・機械設備の動作範囲に体の部位が入らないように、柵や覆いなどを設ける措置等

・火災や爆発の危険性がある場合は、換気を行い、火気を使用しないなどの措置等

②健康管理の措置

　　従業員に年1回、定期健康診断を実施し、有害な業務に就かせる場合には、6か月以内に1回、特殊健康診断を実施すること。

③安全衛生管理体制の整備

　　事業規模に応じて安全衛生推進者または衛生推進者を選任し、作業内容によって作業主任者の専任を行い、従業員の意見を聞きながら安全衛生対策を進めること。

④安全衛生教育の実施

　　従業員を雇い入れたときなどには、安全衛生のための教育を行うこと。

2）自主的な安全衛生活動

①ヒヤリハット活動

　　作業中にヒヤリとした、ハッとしたが幸い災害にはならなかったという事例を報告・提案する制度を設け、災害が発生する前に対策を打つ活動。

②危険予知活動

　作業前に現場や作業に潜む危険要因とそれにより発生する災害について話し合い、作業者の危険に対する意識を高めて災害を防止しようとする活動。

③安全当番制度

　　職場の安全パトロール員や安全ミーティングの進行役を、当番制で全員に担当させる制度。

2．リスクコントロール対策【事前対策】

　労災リスクをコントロールするには、個々の企業や業務に存在するリスク源に対してリスク対策を検討しますが、対策機能の視点から以下のような対策が考えられます。

（1）回避対策

・活動停止：労災発生に繋がる危険な業務（高所での作業等）を廃止する

・資産除去：人体に影響を与える環境下での仕事を機械化し、人的作業を廃止する

（2）軽減対策

・軽　　減：ヘルメットや安全靴の着用を徹底し、防御ネットを設置する

・分散・分離：作業場所を分離して1事故当たりの損害を小さくしたり、優秀な人材が一度に被災しないように分散する

・補完・予備：代替人員の確保や業務のローテーションを行うことで補完機能を持つ

（3）低減対策

・予防・防止：機械設備等の安全性基準を設定し、労災防止の教育・訓練を実施すると共に、危険表示やミラーの設置、安全柵の設置等の対策を行う

（4）共有対策

・移転対策：経験値の少ない業務や危険な作業は社内で行わず外部に委託する

・統合対策：特殊な知識や能力を必要とするリスク対策を実施するために、安全技術の提携や現場管理の連携を行う

（5）受容対策：危険性の低い業務や職場、甚大な被害に繋がらない労災リスクは敢えて対策を行わない

３．リスクコントロール対策【事後対策】

　労働災害の発生に伴い、最優先しなければならないのは、被害者の救護と被害の拡大防止です。特に危険を伴う業務においては救護に関する基礎知識を共有することが大切ですし、損失拡大を防止するために何をすべきかをルール化し、共有しておくことが重要です。また、業務中の事故であるため、その後の会社側の対応によってトラブルに発展する可能性もあるため、事故の原因や状況を把握し、再発防止策を直ちに取ると共に、被害者や遺族に対して誠意を持って事故の報告を行い、今後の会社側の対応や補償に関することを説明し、納得して頂くことが大切です。その上で、速やかに政府労災・福利厚生などの手続きを行います。

４．リスクファイナンシング対策

　労災発生に伴う損失としては、①労働基準法上の災害補償責任、②福利厚生規程等がある場合は労働契約責任、③会社側に安全配慮義務違反があった場合は使用者責任、④その他の付随損失（財物損失・売上減少等）の４つが考えられます。①については政府労災に加入することで良いですが、②については少額の規程部分は基本的に保有し、高額な規程部分についてはその会社の財務状況に応じて保険対応を検討すべきでしょう。③のリスクは発生状況によって高額な賠償額になる可能性があるため、基本的に保険で移転することが求められます。④については幅広いため、基本的に保有を行い、高額な派生リスクには保険で対応することが必要でしょう。

保険代理店の役割

　労災リスクは従業員が一人でもいる企業であれば必ず抱えているリスクであり、人材を核とする中小企業においては対策が必須です。保険代理店は労災事故に伴う損失を補うために保険の提供をするのですが、労災による影響は保険でカバーできるものばかりではありません。具体的には、取引先からの取引停止による売上減少、優秀な人材が抜けたことによる品質低下、新たな人員の採用・育成費用、従業員のモチベーションの低下による生産性減少、行政処分等への対応による費用等が考えられます。また、優秀な人材を労災事故で失ってしまうと、同様の能力や経験値を持った人材を雇い入れることは不可能かもしれません。そのように考えると、保険の手配には限界があることを受け入れ、できる限り事故が起きない環境作りを推奨することが求められます。一方で、採用難で人材不足倒産が増加する中において、福利厚生を充実させることで優秀な人材の採用や従業員の定着化を図る企業も増えています。これからの保険代理店は、福利厚生の充実と企業のリスク量とはトレードオフの関係にあることを念頭に置いた上で、保険の損失補填機能だけではなく、企業価値を高める能動的な機能を活用した保険提案も必要となります。

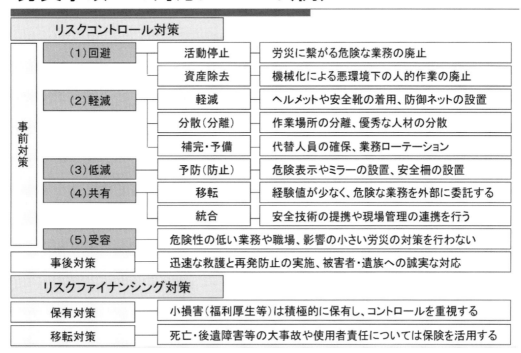

48 情報漏洩対応① 情報漏洩リスクの分析

１．情報漏洩リスクへの対応について

情報セキュリティの国際規格（ISO/IEC27000）では、情報セキュリティは「情報の機密性、完全性及び可用性を維持すること」と定義されておりますが、情報漏洩リスクはその「機密性」が失われたケースに当てはまります。具体的には、機密性は認可されていない個人や主体・プロセス等に対して情報を使用させず、または開示しない特性と定義付けられており、機密性が確保されている状況とは、正当な権利・権限を持った者だけが情報にアクセスできる状態を指します。近年は情報漏洩の要因が従来の「紛失・置き忘れ」「郵便・FAX」といった偶然な人為的ミス（ヒューマンエラー）から不正アクセス等の意図的な要因に移行していること、漏洩経路が紙媒体から電子メールやクラウドに移行していること、１件当たりの想定損害賠償額が増加していることからリスク量が大きく増加する傾向にあります。この章では情報漏洩リスクを中心に説明していきますが、その原因でもあり、大きな脅威になりつつあるサイバーリスクやそれに基づく機会損失等についても言及していきたいと思います。

２．情報漏洩リスクとは？

１）情報漏洩の原因

情報漏洩が発生する主な原因は以下の３つに分けられます。

- 内部犯行：企業に所属する従業員がデータへのアクセス権限を不正に利用して情報を取得したり、退職後に持ち出すケース等
- 外部犯行：悪意を持った者が外部ネットワークから企業内ネットワークに侵入し、企業内の機密情報・個人情報が搾取されるケース等
- 外注先：外注先に業務を委託した場合、外注先に十分な情報セキュリティ対策が講じられていないために個人情報が漏洩するケース等

２）情報漏洩リスクの影響について

サイバーテロ等は取得情報の売却やクレジットカードの不正利用などといった営利のために行われるケースが多く、「事故対応に関する直接的・間接的コスト」や「企業の信用失墜」に加えて更なる二次災害に繋がる可能性が高いと考えられます。漏洩した情報の量・内容、事故防止体制、事故発生への対応等によって巨額の費用を要するケースも考えられますし、情報漏洩が発生しなくても、取引先等から脆弱性が指摘された場合は収益機会の喪失や取引停止等に繋がる可能性も考えられます。

３）情報漏洩リスクのアセスメント

①資　産：企業は情報資産のみならず情報資産を取り巻くソフトウェアや物的資産も毀損する可能性を考慮して資産価値を評価する必要があります。
- 情報、データ：個人情報や機密情報等
- ソフトウェア資産：業務用ソフト等
- 物的資産：コンピューター装置、ネットワーク機器

②脅　威：脅威とは情報資産に事故を発生させる以下のような要因を言います。
- 人による脅威：従業員の不正行為、外部からのアクセス、ウイルスの侵入等
- 障害による脅威：ハードウェアの不具合、ネットワークの障害等
- 事故・自然災害：ヒューマンエラー、火災や地震等による脅威

③脆弱性：情報資産の脅威に対する「弱さ」の程度を把握する必要がある。
- ID、パスワードの管理や事務所への入退室管理の不備
- ウイルス対策の不備⇒データの破壊、改ざんによる情報の完全性の喪失
- ハードウェアの保守管理不足⇒データのバックアップなど

３．情報漏洩リスクの構成要素

①事象：個人情報の漏洩

②原因：個人情報の漏洩には以下のような原因が考えられます。
- 人的原因:ヒューマンエラー（社員のミス等による漏洩）、社内不正（社員による故意の犯行）

・物的原因:ネットワークエラー、機器の故障等
　　　　　・環境原因:サイバー攻撃（外部からの不正アクセス等）、SNS の投稿、情報改ざん
③影響領域（④結果）:・経営資源：WEB サイト（停止による売上減少・修復費用）
　　　　　　　　　　　　　　　　　システム（システム破損による修理・改善費用）
　　　　　　　　　　　　　　　　　情報(信用損失、情報喪失による生産性の低下)
　　　　　　　　　　　　　　　　　ブランド（売上減少）
　　　　　　　　　　　・ステークホルダー：お客様・従業員・取引先
　　　　　　　　　　　　　（情報漏洩による損害賠償、取引停止等）
⑤リスク源：・起こりやすさ：情報の管理状況（社内不正・紛失）
　　　　　　　　　　　　　セキュリティ対策の欠陥・脆弱なシステム（サイバーテロ）
　　　　　　　　　　　　　複雑なシステム構造、専門家不在（ヒューマンエラー）
　　　　　　・結果の大きさ：WEB サイトへの依存（売上減少）
　　　　　　　　　　　　　高額なシステム（巨額の財物損失）
　　　　　　　　　　　　　サイトアクセスの多さ（ブランド下落）
　　　　　　・両方への影響：保有する情報の量（情報の大量漏洩）
　　　　　　　　　　　　　センシティブ情報の有無（単価の高い情報の漏洩）
⑥損失：・財産損失：ブランド下落、システムや WEB サイト、情報資産
　　　　・収入減少：売上減少、生産性低下（販売サイトの閉鎖及び信用下落）
　　　　・賠償責任：個人情報の漏洩に関する賠償費用
　　　　・費用損失：修理・復旧費用、対応費用、訴訟費用等
　　　　・その他：身代金損害等

保険代理店の役割

　お客様のセンシティブ情報を多く扱う保険代理店は他の業種よりも情報漏洩リスクに対しては敏感であり、対策についてもしっかりと行うことが求められますが、実際には情報の保管場所の指定・施錠等のアナログ的な対策に留まり、サイバーリスクに耐えうるようなパソコンのセキュリティ対策やメールの誤送信等に対応する暗号化対策などは行っていないケースも想定されます。しかしながら、コロナウイルスの影響により、テレワークによる情報のやり取りや WEB 上の面談等が強制されたことにより、セキュリティ対策が追い付かないままに、情報漏洩リスクを伴う活動が行われているケースも多いかと思います。今後の保険代理店の在り方自体が WEB の活用によって大きく変わる可能性がある中で、積極的に WEB 活用を推進していくためにも今以上に情報セキュリティに関して理解を深めて対策を実践すると共に、それを取引先と共有し、信用力強化と共にお客様のリスク対策支援を行うことが求められるでしょう。

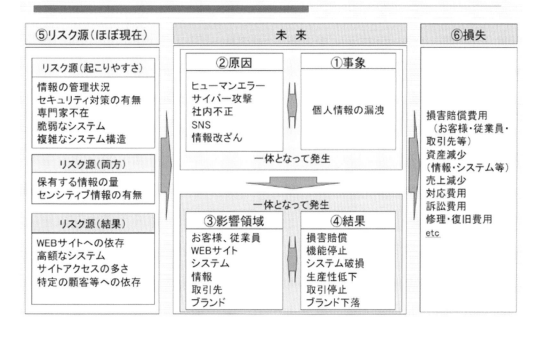

㊾ 情報漏洩対応② 情報漏洩リスクの対策

1．情報漏洩リスクへの対応について

　情報漏洩に関するリスクは、サイバー攻撃の増加やテレワークの導入によってますます高まっています。そのような中で近年は新しいサイバー攻撃が次々に出現しており、システム的な対応のみならず、一人ひとりの情報セキュリティリスクへの意識付けが必要となっています。現代においては、ITをフルに活用したコミュニケーションや電子商取引、業務フローが当たり前となり、ITを活用した新たなビジネスの創出や業務の効率化が不可欠な状況の中で、企業は適切な情報セキュリティ対策を行うことでリスクを踏まえた事業展開が必要不可欠となっています。また、サイバーリスク等に関しては次々に新たなウイルスや手法が生まれてくるため、一過性の対策ではなく、ITの活用状況や新しいサイバー攻撃手法、外的な環境等を考慮し、PDCAを回すことによって継続的なリスク対策の見直しを図ると共に、適切に保険を活用することが大切です。

2．情報漏洩対策の視点

①情報セキュリティ管理体制の構築

　　情報セキュリティを社内体制や時代に合わせて適切に運用していくためには、以下のようにPDCAサイクルを回すことで、しっかりと体制を維持・運用していくことが大切です。

- ・計画（P）：役割分担や責任の所在、セキュリティ対策に関する基本姿勢や目指すべき姿を明確にすると共に、適切なリスクアセスメントを通してセキュリティ対策の必要性を認識することが重要です。
- ・実行（D）：リスクアセスメントの結果に基づき、リスク対応計画を策定し、社内メンバーに教育・研修を行い、対策を実行すると共に、進捗状況や実施状況、効果の測定を同時並行で行う必要があります。
- ・評価（C）：情報セキュリティ管理態勢の運用状況や対策の実施状況及び有効性について、自己評価と第三者評価を実施することが重要です。
- ・改善（A）：評価結果に基づく課題や改善点を明確にし、是正処理を行うことで新たな状況やリスクに適応します。

②技術的対策

　　技術的対策は社員のセキュリティ意識を高めた上で行うことが重要です。

- ・アクセス制御：パソコン等はユーザーIDとパスワードの個人認証を行う等
- ・ウイルス対策：「ウイルススキャン」の定期的な実施を行う等

③物理的対策

　　部外侵入者対策や火災・地震等に対しては以下のような対策があります。

- ・事務所の管理：入退室管理や離席の際のパソコンのログオフ、キャビネットの施錠等
- ・サーバー室管理：重要情報がある場合は、監視カメラの設置、防火区画の設置等を行う

④人的対策

- ・リスクの認識：事故の多くは社員の不正行為や不注意が原因である
- ・ルールの遵守：統一的なルールを定め、社員全員がルールを遵守する
- ・外部委託契約：個人情報等の重要情報を外部に委託する場合は情報セキュリティ管理体制をチェックし、委託契約書を締結する

3．リスクコントロール対策（事前対策）

（1）回避対策
- ・活動停止：WEBサイトの閉鎖、申し込み等の中止
- ・資産除去：個人情報等のセンシティブ情報の排除

（2）軽減対策（結果・損失額の抑制）
- ・軽減対策：サイバー攻撃やデータ改ざん等の早期発見
- ・分散・分離：情報の分散保管、サイトの分離等
- ・補完・予備：代替システムの準備、情報のバックアップ

（3）低減対策（起こりやすさの抑制）
- ・予防・防止：アクセス制御、対策ソフトの導入、教育・研修の実施

（４）共有対策
　　・移転：外部専門家への委託
　　・統合：ノウハウの共有、サプライチェーンとの協力関係の構築
（５）受容対策
　　・保有する情報の量と質によっては対策をとらない

４．リスクコントロール対策（事後対策）

　情報漏洩リスクの発生による損失については、事故発生後の対応によって大きく異なることが想定されます。事故発生後に適切な対応を行うことで漏洩件数及びステークホルダーの損失をいかに最小限に抑えられるかが重要です。そのため、情報漏洩の発生を早く認識するためのシステムを導入し、適切な対応を行うために緊急時対応の手順書とそれに基づいた役職員への教育・訓練の実施が必要です。

５．リスクファイナンシング対策

　サイバー保険等の普及率等を考えると、多くの中小企業が情報漏洩リスクを保有していると考えられます。しかし、大切なのはしっかりとリスクと向き合った上で、自社のリスク量と財務力に応じたファイナンシング対策を行うことです。
　近年の情報漏洩は損失額が高額化する傾向にあり、サイバー攻撃も多様化しているため、財務力を超えるリスクは保険に移転するのが賢明です。リスクコントロール対策状況に応じた保険もあるため、保険以外の対策も同時並行で実施することで保険料を抑えることが可能なケースもあります。

保険代理店の役割

　情報漏洩に関しては起きてからの保険よりも起きないためのコントロール対策が優先されるのは当然のことですが、次々に新たなウイルスやサイバー攻撃が生まれてくる中で、100％のリスクコントロールが困難であることを考えると、このリスクに対する保険の必要性は非常に高いことが想定されます。
　また、保険商品によっては、有事の際の財務的な補償のみならず、ヘルプデスクが準備されているケースもあり、リスクコントロール対策としても活用できるケースがあります。新しく発現してくるリスクについては、経営者の意識も低いことが多く、過去の事故事例も少ないことから保険代理店も保険提案が困難な側面があります。しかしながら、リスクは絶えず変化しているため、保険代理店は、不得意な分野から目を背けるのではなく、新しく発生するリスクに敏感に対応し、経営者にその対策の必要性を認識させると共に、適切な保険提案を行っていく必要があるでしょう。

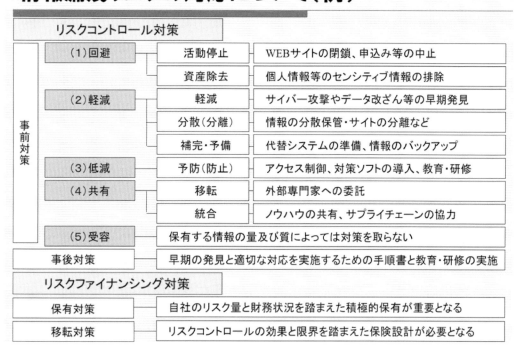

情報漏洩リスクの対応について（例）

おわりに

保険代理店は情報の非対称性に基づき、いつ、どこで、どのように発生し、どれだけの損失に拡大するか分からないリスクに対して、目に見えない保険という商品を提供するという非常に難しい業務を行っています。そのため、保険代理店には保険商品の知識のみならず、リスクや財務、法務に関する幅広い知識と共に、見えないリスクや保険をお客様に理解してもらうためのコミュニケーション能力や企業の恥部であるリスク情報を開示してもらい、提案を受け入れてもらうための人間性や信用力、情報格差を悪用することなく、顧客本位を貫ける強い倫理感や仕事への使命感を持つことが求められます。

つまり、保険代理店は非常に高度な能力や知識、人間性が求められる仕事であり、誰でもできる仕事ではありません。しかしながら、保険という非常に難しい商品を普及させるに当たり、リスクマネジメントを基軸とした高度なコンサルティング人材の育成ではなく、消費者に分かりやすく簡単な保険商品を作り、人の繋がりや信頼関係に基づく情緒的な価値を前面に出したプロダクトアウトの営業スタイルを採用してきました。もちろん、それらの歴史的な背景があって今の業界があるわけですが、結果として保険代理店という難しい仕事が誰でもできる仕事として認識され、社会からの高い評価を得ていないというのが現状と考えています。

しかし、ＡＩやＩＴの進化により情報が溢れ、少子高齢化や車離れによってマーケットが縮小し、顧客本位の業務運営や厳しいガバナンス体制の構築が求められるこれからの時代においては、従来のような保険代理店の在り方は難しいと考えられます。つまり、金融事業者として顧客本位の業務運営を行うに当たり、組織化によって安定的なサービス体制を構築すると共に、今まで以上に多くの情報と高度な提案能力を保持し、厳しい競争環境の中で業務に磨きをかけることが求められます。そして、それらを磨き上げるための鍵となるのがリスクマネジメントの考え方でありノウハウであると考えています。

この書籍が環境変化に対応し、高いレベルで顧客本位の業務運営を実現しようとする保険業界の方々に少しでもお役に立てれば幸いです。

ARICE ホールディングスグループ

株式会社 A.I.P

代表取締役　松本　一成

参考文献：ISO31000:2009（2018）リスクマネジメント解説と適用ガイド　日本規格協会
　　　　　ISO22301:2012 事業継続マネジメントシステム 要求事項の解説 日本規格協会
　　　　　JISQ31010:2012 リスクマネジメント-リスクアセスメント技法　　日本規格協会
　　　　　JISQ 0073：2010 リスクマネジメント-用語　日本規格協会
　　　　　リスクマネジメントの実務〜ISO31000 への実践的対応　中央経済社